La Revolución rusa

Primera edición: noviembre de 2024
Título original: *The Russian Revolution*

Imagen de cubierta: International Communist and Workers Movement is the Avant Garde of the World Proletariat | Album / Fine Art Images
Corrección: Bernat Ruiz, Luisa Stampa, Irene Martínez

Publicado por Ático de los Libros
C/ Roger de Flor n.º 49, escalera B, entresuelo, oficina 10
08013, Barcelona
info@aticodeloslibros.com
www.aticodeloslibros.com

ISBN: 978-84-19703-67-5
THEMA: NHTV
Depósito Legal: B 20224-2024
Preimpresión: Taller de los Libros
Impresión y encuadernación: Liberdúplex
Impreso en España — *Printed in Spain*

VICTOR SEBESTYEN

LA REVOLUCIÓN RUSA

Traducción de

Joan Eloi Roca

Barcelona - Madrid

Habrá una revolución en Rusia,
empezará con una libertad ilimitada
y concluirá con un ilimitado despotismo.

Fiódor Dostoyevski, *Los demonios* (1872)

ÍNDICE

El Imperio ruso, 1878-1917

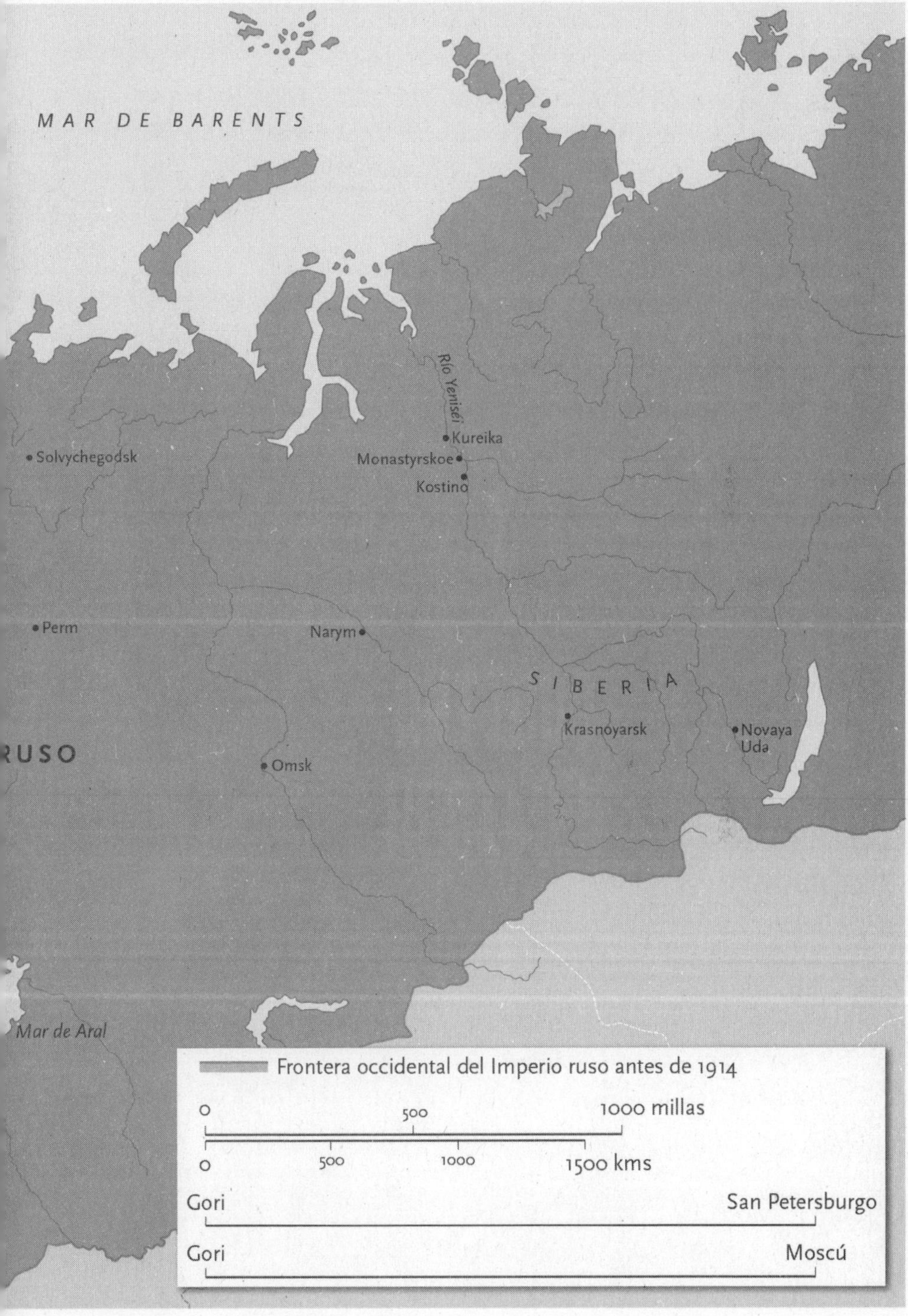
MAR DE BARENTS
Río Yeniséi
Kureika
Solvychegodsk
Monastyrskoe
Kostino
Perm
Narym
SIBERIA
Krasnoyarsk
Novaya Uda
RUSO
Omsk
Mar de Aral
Frontera occidental del Imperio ruso antes de 1914
0
500
1000 millas
0
500
1000
1500 kms
Gori
San Petersburgo
Gori
Moscú

INTRODUCCIÓN

Los hombres y mujeres que hicieron la Revolución rusa querían cambiar el mundo, y lo consiguieron. La escala épica de su ambición es lo más importante que hay que recordar sobre los acontecimientos y los individuos del drama de 1917. Puede que al principio la intención fuera derrocar a un zar y a una dinastía autocrática que había gobernado Rusia durante tres siglos, pero fueron mucho más allá. El objetivo del comunismo, la fe abrazada por los bolcheviques que se alzaron con la victoria en el meollo de la Revolución, era perfeccionar la humanidad y poner fin a la explotación de un grupo de personas —una clase— por otra. No solo querían construir un nuevo sistema económico y social más igualitario, sino que perseguían el objetivo de alcanzar una forma diferente de ver el mundo y la historia. Los «fundadores», Karl Marx y, más tarde, Vladímir Lenin, afirmaron que su ideología era «científica». Pero todos los verdaderos creyentes —y he conocido a muchos ejemplos realmente brillantes a lo largo de los años y en muchos lugares del mundo, cuyas conciencias se vieron sometidas a duras pruebas— siempre entendieron que la «fe» era la clave. El atractivo del comunismo era religioso, espiritual, y el Partido era la Iglesia. «Puedo ver brillantes bancales de hierba, un despejado cielo azul y la luz del sol bañándolo todo», escribió León Trotski poco antes de dar el golpe bolchevique con el que empezaría el nuevo régimen de los sóviets. «La vida es bella. Dejemos que las futuras generaciones la limpien de todo mal, opresión y violencia, y la disfruten plenamente».* Parece casi pintoresco evocar esta mirada, sabiendo cuán poco tardó el cinismo en corroer el alma del comunismo.

* León Trotski, *Mi vida* (Cenit, Madrid, 1930).

El mesianismo de la ambición bolchevique convirtió la magnitud de su fracaso en una caída tan vasta como impactante. Desde el primer día, los revolucionarios se toparon con la reticencia de mucha gente —la mayoría, según resultó— a perfeccionarse de la manera que los camaradas Lenin y Trotski habían ideado. Esta es la historia de los primeros años de la Revolución, de 1917 hasta 1921, cuando los bolcheviques se enfrentaron a la hambruna y al desastre tras vencer en la guerra civil rusa, y revirtieron muchas de sus medidas radicales extremas hacia un nuevo rumbo reformista. Mostraré los objetivos de los primeros bolcheviques y cómo coaccionaron, intimidaron, sobornaron y aterrorizaron al pueblo ruso en su intento por alcanzarlos; también veremos cómo sentaron las bases para los resultados subsiguientes.

No es exagerado afirmar que la Revolución rusa ha tenido un impacto más profundo en el mundo que cualquier otro acontecimiento del siglo pasado, así como en la historiografía. La historia de la mayor parte del siglo XX ha sido una reacción al «espectro del comunismo» encarnado por la Revolución de Petrogrado de 1917. El fascismo, el ascenso de Hitler, el estalinismo extremo, la Segunda Guerra Mundial, la Guerra Fría, las políticas estadounidenses de «contención» para hacer frente al estatus de superpotencia de los soviéticos, el surgimiento de una nueva reencarnación del nacionalismo ruso bajo Vladímir Putin… todos son, de una forma u otra, el resultado de la Revolución bolchevique.

A mediados de la década de 1970, casi un tercio de la masa terrestre mundial estaba administrada por regímenes comunistas, y los efectos del «experimento» al estilo soviético siguen manifestándose de forma profunda. El ascenso de China como modelo de éxito económico y potencia mundial se remonta a la unificación del país bajo los comunistas, para bien o para mal. Puede que los sucesores de Mao Zedong hayan abandonado todo sentido de lo que la mayoría de la gente considera políticas socialistas, pero Lenin reconocería como familiar el rígido control unipartidista de China bajo su Partido Comunista. Muchos historiadores modernos, independientemente del lado en el que se situaran en la división ideológica/cultural de la Guerra Fría y sus secuelas, han utilizado la Revolución rusa como principal punto de referencia. Algunos, en la izquierda, argumentaron que el comunismo no puede considerarse un fracaso porque nunca se aplicó de forma adecuada en Rusia o en el Imperio soviético, en Europa del Este, y en otras partes. Sin embargo, muchos otros —y no solo historiadores de derechas— han descrito las siete décadas de gobierno comunista entre las revoluciones de 1917 y la desaparición del Partido Comunista de la Unión Soviética a principios de los años noventa como una tragedia para Rusia y el mundo. A grandes rasgos, así es como yo he tendido a verlo, al igual que la mayoría de los escritores de la tradición occidental, al menos hasta que el interés por el marxismo y la economía anticapitalista comenzó a resurgir en los últimos años. Muchos —quizá la mayoría— de los historiadores procedentes de países en vías de desarrollo de África, Asia y Sudamérica han argumentado desde una perspectiva muy diferente. Para ellos, la Revolución rusa desempeñó un papel crucial en el proceso de descolonización; sus simpatías iban en otra dirección.

¿Fue la Revolución una buena idea mal aplicada, como creían los socialistas, o una idea terrible, un sueño que tornó en pesadilla, ejecutada con resultados previsiblemente desastrosos? Esta breve introducción explora estas cuestiones.

VICTOR SEBESTYEN

Enero de 2023

La Rusia europea, 1917

NOTA SOBRE LAS FECHAS Y EL CALENDARIO

El calendario juliano, utilizado en Rusia hasta febrero de 1918, llevaba trece días de retraso con respecto al calendario gregoriano, utilizado en casi todo el resto del mundo. Así, según el calendario gregoriano, la Revolución de Febrero de 1917 comenzó el 8 de marzo (el 23 de febrero del juliano) y la Revolución de Octubre de 1917, el 7 de noviembre (el 25 de octubre del juliano). Este libro utiliza el calendario juliano hasta febrero de 1918, y el gregoriano a partir de entonces.

La Unión Soviética, 1920-1936

N
MAR SIBERIANO DEL ESTE
Tiksi
Anabar
Lena
Ojotsk
Magadán
Mar de Ojotsk
go Baikal
Petropávlovsk
Amur
Yuzhno-Sajalinsk
Vladivostok
OCÉANO PACÍFICO
Mar del Japón
Amarillo
Mar Amarillo
gtsé
Mar de la China Oriental
Frontera rusa
0
500
1000 millas
0
500
1000
1500 kms

1

ANTIGUO RÉGIMEN

1

ANTIGUO RÉGIMEN

Nada refuta más categóricamente la teoría marxista sobre la historia que la Revolución rusa. La interpretación clásica de *El manifiesto comunista* y *El capital* insiste en que el pasado y el presente están impulsados casi en su totalidad por fuerzas económicas y sociales arrolladoras, no por las acciones de individuos o incluso de pequeños grupos. Esta historia sobre los acontecimientos de 1917 —el intento de cambiar el mundo a través de una forma fundamentalista de socialismo y su rápido descenso a una dictadura totalitaria— dependió del carácter y las elecciones de unos pocos actores clave.

Sin la presencia de Vladímir Ilich Lenin en Petrogrado en octubre de 1917 no se habría producido la toma del poder por los bolcheviques, ni en ese momento, ni de esa manera. Incluso un hombre tan vanidoso y egocéntrico como León Trotski, una figura inspiradora de la Revolución y autor de uno de sus relatos históricos más brillantes y magníficos, reconoció la importancia crucial de Lenin como líder. En el prefacio afirmó que no habría habido libro que escribir si no hubiera sido por el papel de Lenin en 1917. La Unión Soviética que Lenin construyó como primer Estado comunista del mundo siguió siendo un lugar a imagen y semejanza del creador hasta el final de su existencia, casi setenta años después de su muerte: intolerante, despiadada, ultrasecreta, ascética.

Del mismo modo, no habría habido Revolución rusa de no ser por la debilidad y la pura incompetencia del último zar, Nicolás II. El primer, el original, el más auténtico «chiste comunista»

La familia imperial Románov —zar, zarina, zarévich y cuatro hijas de aspecto angelical—, en una fotografía tomada meses antes del estallido de la Primera Guerra Mundial.

—un género de humor negro que se hizo famoso en el mundo soviético— fue el comentario de un comisario bolchevique que ya en 1919 sugería que al zar Nicolás se le debería haber concedido la más alta condecoración soviética, la Orden de la Bandera Roja, por sus «servicios a la Revolución».

En general, los historiadores han sido benévolos con Nicolás II, sobre todo por la espantosa forma en que murieron él y su familia. Sin embargo, fue en gran medida responsable de su propio final, de la extinción de su dinastía y de la destrucción del Estado ruso tal y como había existido durante trescientos años bajo la autocracia de los Románov, una de las dinastías imperiales más exitosas hasta su acceso al trono. Los biógrafos «revisionistas» que sugieren que fue una figura bienintencionada arrastrada por las mareas de la historia son demasiado indulgentes con él. Si al principio de su reinado Nicolás II hubiera hecho algún esfuerzo por establecer una monarquía constitucional, modernizar las instituciones rusas introduciendo reformas liberales y hubiera permitido la actividad política, podría haber salvado a Rusia de la catástrofe del siglo XX… y también su propia vida. Merece su lugar en el basurero de la historia. En un momento en el que Rusia necesitaba un liderazgo sabio e imaginativo, le tocó un gobernante desprovisto de todo lo necesario para desempeñar ese papel. El colapso del Antiguo Régimen ruso vino de arriba. Durante el reinado de Nicolás, solía decirse que Rusia era «una autocracia sin autócrata».

Nicolás nunca se cuestionó su rígida creencia en los principios monárquicos de la dinastía Románov. En enero de 1895, pocas semanas después de acceder al trono, dijo en una reunión de nobles de provincias que cualquier esperanza de liberalización política eran «sueños sin sentido» y que había jurado que era su deber «mantener [...] la autocracia tan firme e inquebrantable como la preservó mi inolvidable difunto padre».

Quería ser un autócrata, pero no actuaba ni hablaba como tal, y carecía de la personalidad, la inteligencia o la fuerza de voluntad para serlo de manera eficaz. En cambio, podría haber sido un monarca ceremonial de éxito: sus modales eran impecables, decía trivialidades con elegancia y el uniforme le quedaba muy bien.

Pero esa no era la forma de reinar de los Románov. Sus antecesores se aferraban a una idea arcaica y casi mística de la monarquía. Nicolás también tenía una creencia medieval en su derecho divino a gobernar, pero no comprendía en absoluto la naturaleza del poder.

No era un completo descerebrado. Hablaba con fluidez inglés, alemán y francés, y también tenía un italiano decente, pero se decía de él que «podía hablar varios idiomas a la perfección sin tener nada inteligente o interesante que decir en ninguno de ellos». Otros que lo conocieron fueron más generosos. «Era la persona mejor educada que he conocido», aseguró una vez uno de los cortesanos menos aduladores. «Tenía ciertas habilidades, pero estaban limitadas por la tremenda estrechez de miras de su educación y perspectiva», dijo otro.

—★—

Algunos historiadores revisionistas —el excelente Richard Pipes, por ejemplo, en su revolucionario *Russia Under the Old Regime* (1974)— han argumentado que, aproximadamente en los veinticinco años anteriores al inicio de la Primera Guerra Mundial, Rusia estaba en vías de convertirse en un Estado europeo moderno. Es verdad que el país había experimentado cierto auge económico. El crecimiento del PIB entre 1891 y 1910 fue del ocho por ciento anual y la inversión exterior entraba a raudales: en torno a la mitad de los valores rusos, excluidas las hipotecas, estaban en manos de inversores extranjeros. Alfred Nobel había convertido los yacimientos petrolíferos de los alrededores de Bakú en el segundo productor mundial de petróleo después de Texas. En algunos aspectos limitados, Rusia era un lugar dinámico, aunque partía de una posición muy rezagada en comparación con la mayor parte de Europa occidental y el crecimiento se ralentizó en torno a 1905. En muchos otros aspectos Rusia estaba totalmente subdesarrollada como sociedad moderna.

El número de obreros de las fábricas urbanas se cuadruplicó en veinte años, pero seguía siendo muy pequeño en comparación con Gran Bretaña, Alemania, Francia o Austria-Hungría, los imperios

Nicolás II y Alejandra durante las celebraciones del tricentenario del reinado de la dinastía Románov en Rusia, 1913.

con los que competía por ser una de las «grandes potencias» de Europa. Los obreros industriales y los mineros —«arrebatados del arado y arrojados al horno de la fábrica», según la célebre frase de Trotski— tenían prohibida cualquier actividad sindical colectiva; hasta 1910 los niños de doce años seguían trabajando doce horas diarias en condiciones atroces. La población urbana de Rusia se cuadruplicó, pasando de siete a veintiocho millones en los treinta y cinco años posteriores a 1870, pero los niveles generales de vida y de salud eran deplorables para los estándares occidentales. La tasa de mortalidad en San Petersburgo era la más alta de todas las capitales europeas, muy superior incluso a la de Constantinopla, que era la segunda peor. Entre 1890 y 1912 hubo de media una epidemia de cólera cada tres años, y durante el invierno de 1908 a 1909, treinta mil personas murieron a causa de la enfermedad. Las fábricas se convirtieron en el crisol de la revolución porque el gobierno zarista cometió el grave error de descuidar la mejora de las condiciones de los obreros rusos. La alfabetización había aumentado en las ciudades y pueblos; la sociedad rusa se estaba volviendo más urbana, más industrial, más culta. Sin embargo, los Románov «permanecían fosilizados en una visión bizantina de la vida», como afirmó Serguéi Witte, uno de los primeros ministros del zar Nicolás.

A pesar de todo, más del ochenta y cinco por ciento de los rusos seguían trabajando y viviendo de la tierra. La vasta población de campesinos —los *muzhiks*— todavía carecía de derechos civiles, y aunque desde la abolición de la servidumbre por parte del zar Alejandro II en 1861 se habían producido algunas mejoras en su estatus legal, su nivel de vida no había progresado en absoluto. La agricultura también estaba muy por detrás de la mayoría de los países europeos. El rendimiento de los cultivos por hectárea era menos de la mitad que en Francia o Alemania. En la mayoría de las granjas rusas, al comienzo de la Primera Guerra Mundial, todavía se usaba la hoz casi medio siglo después de que se sustituyera en Europa occidental. Paradójicamente, la emancipación fue un trato injusto para los campesinos y provocó dos generaciones de resentimiento, quizá más profundo que si nunca se hubiera abolido la servidumbre. Los campesinos «compraron» su libertad, pero les salió tan cara que la mayoría acabaron hipotecados hasta las cejas. «Los siervos de ayer descubrieron que al hacerse libres se habían endeudado sin remedio», escribió Víctor Serge, un antiguo revolucionario que acabó detestando a los bolcheviques. «Cambiaron una forma de esclavitud por otra». Tras la emancipación, los siervos acabaron, por término medio, con un trece por ciento menos de tierra que antes para cultivar como propia. Los campesinos se sintieron engañados.

Había un sentimiento de agravio en todo el Imperio: en la tierra, en los talleres industriales, entre las «naciones» sometidas por la fuerza en un imperio multinacional en el que los rusos étnicos de la «Madre Rusia» eran la minoría (el cuarenta y cinco por ciento) que detentaba el cien por cien del poder. Existían varias Rusias y sus divisiones eran profundas: entre las clases, las regiones, la corte real y prácticamente todos los demás; los educados y los analfabetos; el campo y las ciudades; entre las ideas occidentales y la tradición. Los zares hicieron todo lo posible por gobernar y mantener la división para asegurarse de que las brechas continuaran y se ampliaran. Pero era previsible —y muchos lo predijeron— que tarde o temprano tantas divisiones estallarían en una revolución y una guerra civil.

—★—

La autocracia consideraba la difusión de cualquier idea que pretendiera modernizar Rusia siguiendo el modelo de Europa occidental como un desafío directo a los trescientos años de la dinastía de los Románov. La Corona creó todo un órgano de Estado para erradicar la «subversión» en todas sus formas. Como explicó el conde Witte después de servir tres años como primer ministro, «el Imperio ruso [...] se convirtió en el Estado policial por excelencia».

El zar Nicolás y su padre Alejandro III imaginaron que el endurecimiento de la represión, el exilio de los opositores políticos más moderados y la prohibición —hasta casi el final de la era zarista— de cualquier tipo de actividad política harían más segura la monarquía. No podían estar más equivocados. Los primeros

Románov —Pedro el Grande, Catalina II, los dos primeros Alejandros— eran gobernantes absolutos, pero poseían delicadeza y podían llegar a acuerdos. Los dos últimos zares carecían de juicio o sabiduría. Se refugiaron en el pasado con la esperanza de que los salvaría del futuro. A principios del siglo xx, su gran deseo era devolver a Rusia al siglo xvii. No debería sorprender que no supieran cómo hacerlo. Entre todos cometieron una serie de errores fatales. Uno de los peores fue excluir a casi todos los miembros de la sociedad rusa de cualquier tipo de política. Nunca existió una clase media sólida y moderada con interés en el futuro del país. A la gran mayoría de los rusos educados, los *intelligenty,* se les negó toda voz en la dirección del país. Incluso a los conservadores que creían en modestas reformas democráticas y se oponían a la revolución se los tachó de subversivos y se los empujó a los extremos. No tenían otro sitio adonde ir. Los zares garantizaron el crecimiento de una oposición violenta hasta tal punto que luego fueron demasiado débiles e incompetentes para destruirla.

El Gobierno había hecho tímidos avances en el fomento de la educación, pero esto creó un problema obvio y previsible. Los estudiantes estaban al frente de la oposición al zarismo autocrático y el régimen vivía sumido en un conflicto generacional perpetuo con la juventud rusa. Como dijo Aleksandr Kérenski, la principal figura del gobierno provisional entre las dos revoluciones de 1917: «Todos nosotros nos convertimos en enemigos de la autocracia casi tan pronto como entramos en la universidad, y esto parecía ocurrir de forma natural».

Casi veinte mil ministros, gobernadores provinciales, altos funcionarios y oficiales superiores del ejército murieron asesinados por grupos revolucionarios durante el último cuarto de siglo de regencia zarista. Gran parte de la opinión moderada culpaba al Gobierno, no a los «terroristas». Los observadores extranjeros se dieron cuenta de que los asesinatos, que ya eran casi diarios, no creaban indignación ni siquiera entre la mayoría de los que no estaban de acuerdo con los revolucionarios; se limitaban a encogerse de hombros y a quejarse del régimen. Después de que Viacheslav von Pleve, un ministro del Interior muy detestado, saltara por los aires a causa de una bomba en San Petersburgo en

1904, el embajador austriaco en Rusia, el conde Alois Lexa von Aehrenthal —que no era precisamente un liberal— escribió:

> Lo más sorprendente [...] es la indiferencia total de la sociedad ante un acontecimiento que constituyó un enorme golpe para los principios del Gobierno. Apenas podría haberse esperado simpatía hacia un ministro que por su inclinación autoritaria se creó muchos enemigos. Pero cierto grado de compasión humana, o al menos de preocupación y ansiedad con respecto al futuro inmediato, resultaría natural. No se encuentra ni rastro de ello [...], solo he descubierto gente totalmente indiferente, o tan cínica que dice que no se podía esperar otro resultado. La gente está dispuesta a afirmar que serían necesarias más catástrofes similares [...] para provocar un cambio de mentalidad en la máxima autoridad.*

Resulta llamativa la cantidad de mujeres terroristas en una época en la que incluso la idea del voto femenino en Europa occidental o en Estados Unidos apenas era motivo de debate público. Que hubiera tantas jóvenes rusas dispuestas a matar y morir por una causa política les granjeó a las radicales cierta simpatía entre los hombres de una sociedad tan patriarcal. Sofía Peróvskaya —«de un aterrador pensamiento único» y miembro fanática de Naródnaya Volya (Voluntad del Pueblo), uno de los grupos terroristas— era la amante de Andrei Zhelyabov, que dirigió el complot de asesinato contra Alejandro II. Ella dio la señal de lanzar las bombas al grupo que esperaba al zar en la calle de San Petersburgo donde fue asesinado. Uno de sus conspiradores la describió como «pequeñita, rubia, con ojos azul pálido y mejillas rosadas y blancas como una muñeca de porcelana [...], una belleza». La ahorcaron el 3 de abril de 1881, a la edad de veintisiete años, ante una multitud de ochenta mil personas, en la última ejecución pública en Rusia. El verdugo estaba borracho y no hubo caída al cadalso, solo un taburete de madera que el verdugo, en su estupor etílico, consiguió apartar

* Citado en Orlando Figes, *La Revolución rusa: la tragedia de un pueblo (1891-1924)* (Taurus, Barcelona, 2021).

a patadas. Testigos horrorizados dijeron que tardó media hora en morir en extrema agonía.

Vera Fígner, una de las primeras mujeres de Rusia que se formó como médico, dirigió un grupo revolucionario que planeó dos complots de asesinato fallidos contra el zar Alejandro II, antes de su participación en el atentado que tuvo éxito. Durante su juicio pronunció un discurso que fue muy difundido, aunque las autoridades hicieron todo lo posible por impedirlo. «Me han prohibido los métodos pacíficos. No tenemos prensa libre, así que era imposible pensar en propagar ideas por medio de la palabra impresa. Si algún órgano de la sociedad me hubiera señalado otro camino que no fuera la violencia, lo habría elegido».

Más tarde, en el exilio en Suiza, como oponente igualmente apasionada de Lenin y de la tiranía bolchevique, recordó su vida como terrorista cuando «el culto a la bomba y a la pistola, al asesinato y al cadalso, adquirió un encanto magnético».*

* Vera Fígner, *Memoirs of a Revolutionist* (University of Illinois Press, Champaign, Illinois, 1991).

Campesinos rusos alrededor de 1910. El primer movimiento revolucionario de Rusia, los *naródniki,* creían que la revolución vendría del campesinado.

2

REVOLUCIONARIOS

2

REVOLUCIONARIOS

Durante todo el siglo XIX existió una tradición de oposición revolucionaria a los zares, desde el levantamiento de los decembristas en adelante. Los decembristas eran un grupo de oficiales aristocráticos del ejército que en diciembre de 1825, tras la muerte de Alejandro I —en una cena «entre el clarete y el champán», como reza la célebre expresión de Aleksandr Pushkin—, conspiraron para impedir que Nicolás I accediera al trono. La mayoría de ellos habían luchado en el ejército ruso que llegó a París una década antes y ayudó a derrotar a Napoleón. Tras conocer Europa occidental, su objetivo declarado era construir una monarquía constitucional y soñaban con «encender una chispa que se convirtiera en una llama de libertad». Los rebeldes atrajeron a su causa a un ejército de tres mil hombres y estuvieron a punto de triunfar, pero cayeron al año siguiente. Cinco de los conspiradores murieron ejecutados y docenas fueron condenados al exilio en Siberia, entre ellos miembros de algunas de las familias nobles más famosas de Rusia, tradicionalmente leales al trono, como los Trubetskói y los Volkonski. En el acta de acusación del zar contra los decembristas se los acusaba de mostrar «insensatos deseos de cambio».

Durante el resto del siglo XIX, hasta el derrocamiento de los Románov, la historia política rusa consistió en un ciclo repetitivo de modestas reformas, seguidas de periodos de reacción cuando el trono se sentía amenazado. Hasta la abdicación del último zar, uno de los principales artículos de las Leyes Fundamentales se limitaba a decir: «Su Majestad es un monarca absoluto que no está obligado a responder de sus actos ante nadie en el mundo, sino que tiene el poder y la autoridad para gobernar sus estados y tierras como un soberano cristiano, de acuerdo con su deseo y buena voluntad». Y los zares lo decían en serio. El tutor del zar Nicolás, Konstantín Pobedonóstsev, procurador del Santo Sínodo y durante décadas uno de los más altos funcionarios de Rusia, dijo a Alejandro III poco después del asesinato de su padre en 1881: «Rusia ha sido fuerte gracias a la autocracia, gracias a la ilimitada confianza mutua y al estrecho vínculo entre el pueblo y el zar [...], ya sufrimos bastante con las tertulias políticas, que no hacen más que avivar las pasiones populares». Afirmó que el país necesitaba «un autócrata divino» para refrenar los instintos anárquicos del pueblo ruso, un sentimiento con el que Lenin, Stalin y Vladímir Putin estarían de acuerdo.

La estructura del Estado policial se estableció en la década de 1820 bajo el reinado de Nicolás I. El monarca creó un nuevo órgano de gobierno —la Tercera Sección del Departamento Administrativo— para combatir la subversión. En esencia, se trataba de un servicio secreto del monarca, cuyos intereses se consideraban distintos de los de sus súbditos. Las leyes que protegían la propiedad o la vida de otros rusos se gestionaban mediante un sistema policial separado. La Tercera Sección —que en la década de 1880 pasó a llamarse la Ojrana (la 'Guardia')— tenía poderes draconianos para detener a personas sin juicio previo y enviarlas al «exilio administrativo» en Siberia y la tundra ártica ante cualquier indicio de «crímenes políticos». La Ojrana se convirtió en el modelo de las posteriores Cheka, NKVD y KGB de Rusia, o del FSB de la era postsoviética. Invadió la vida de la gente corriente. Había miles de burócratas encerrados en oficinas por todo el Imperio abriendo el correo de la gente. Los ciudadanos necesitaban una licencia especial de la policía política para una amplia gama de actividades inocuas, desde organizar una fiesta en un lugar público hasta abrir una tienda, utilizar cualquier medio de transporte público o leer a Darwin.

La Rusia zarista impuso el sistema de censura más rígido de Europa, que obligaba a que todo material impreso pasara por un censor antes de publicarse. Con la actividad política directa excluida y la lectura de material político prohibida en general, «casi toda la literatura se convirtió en una crítica de la vida rusa, en un comentario social, de un modo u otro», como explicó Aleksandr Herzen, exiliado durante cuarenta años. Los escritores encontraron formas de eludir a los censores, algo no siempre difícil; en general, a lo largo de la historia, los buenos autores han sido mucho más listos que los censores. En Rusia, décadas antes de la Revolución soviética, existía una forma muy desarrollada de publicación de *samizdat* y de distribución de obras ilegales.* A lo largo del siglo XIX, la censura, la vigilancia policial y las penas de prisión, se relajaron, se endurecieron, volvieron a relajarse y volvieron a endurecerse en función del clima político y la sensibilidad del monarca. Pero a lo largo de los años se encarceló o se envió a Siberia a miles de personas por el mero hecho de leer libros «ilegales» de escritores como Rousseau o Voltaire. Hacía tiempo que esto no ocurría en los demás imperios europeos continentales.

Tras liberar a los siervos, Alejandro II introdujo algunas otras reformas modestas. Permitió algunos juicios con jurado, permitió un elemento de gobierno local (los *zemstvos,* pequeños consejos de barrio dirigidos por la alta burguesía provincial). Autorizó también los viajes dentro y fuera de Rusia, que hasta entonces habían estado muy limitados. Pero tras el asesinato de Alejandro en 1881, su hijo se replegó al absolutismo. En el siglo XIX, los zares nunca concedieron libertades políticas sustanciales, ni tenían intención de concederlas.

La monarquía rusa no mostró ninguna capacidad de adaptación. Los zares crearon los movimientos revolucionarios, como observó proféticamente en la década de 1860 uno de los «terroristas» más agudos, Piotr Tkachov:

* *Samizdat* era una forma de actividad en la que los individuos reproducían publicaciones censuradas y clandestinas, a menudo a mano, y pasaban los documentos de un lector a otro. La reproducción manual estaba muy extendida, porque las máquinas de escribir y las imprentas requerían un registro y permiso oficial. Etimológicamente, la palabra deriva de *sam* (сам, 'yo, por mí mismo') e *izdat* (издат, una abreviatura de издательство, *izdatel'stvo,* 'editorial'), y por lo tanto significa 'autoeditado'. *(N. del E.)*

> El atraso de Rusia es su gran fortuna, al menos desde el punto de vista revolucionario. En Occidente, el orden social se basa en un amplio apoyo de la clase media. En Rusia esta clase [apenas existe]. ¿Qué mantiene el orden en nuestro país? Solo el Estado, es decir, la policía y el ejército. ¿Qué hace falta para que este Estado se desmorone? No mucho: dos o tres derrotas militares [...], algunos levantamientos campesinos [...], revuelta en la capital.*

Los populistas —los *naródniki*— fueron los primeros de los grupos revolucionarios en ganar alguna influencia. Al principio adoptaron medios totalmente pacíficos. Su convicción era que la revolución surgiría de los campesinos. Así, a partir de la década de 1860, bandas de hombres y mujeres jóvenes e idealistas se trasladaron al campo, intentaron vivir en comunas, abrir centros de primeros auxilios y educar a los campesinos analfabetos en un movimiento de «vuelta al pueblo» que los llevaría a una especie de socialismo pastoral. Varios de este tipo aparecen en obras y relatos de Chéjov. La mayoría de ellos procedían de entornos privilegiados y eran conscientes de su riqueza: «Nuestra comprensión de las verdades universales solo ha podido alcanzarse a costa del sufrimiento secular del pueblo. Somos deudores del pueblo, y esta deuda pesa sobre nuestras conciencias», como dijo uno de ellos.

Los activistas *naródniki* de grupos como Tierra y Libertad (Zemlia i Volya) sufrieron el rechazo generalizado de los campesinos a los que intentaban ayudar, que desconfiaban de ellos debido a sus privilegios, dudaban del socialismo y resentían su visión paternalista de la vida rural. En muchos casos delataron a los radicales a la policía o los echaron, y en unos pocos casos los agredieron o mataron. «El socialismo rebotó entre los campesinos como los guisantes contra la pared. Escuchaban a nuestra gente, igual que al cura del pueblo, con respeto, pero sin el menor efecto en su forma de pensar o de actuar», diría años después uno de los líderes *naródniki*.

La siguiente generación de populistas adoptó tácticas más radicales: recurrieron a la violencia para desestabilizar el Estado.

* Citado en Vladímir Lenin, *What Is to Be Done?* (Londres, 1904).

Fotografía de la policía secreta de un joven Vladímir Ilich Uliánov, antes de adoptar el seudónimo revolucionario de Lenin.

Atacaron a funcionarios zaristas, gobernadores provinciales, policías y oficiales del ejército con el objetivo de hacer ingobernable Rusia. De las ruinas, una república de socialistas agrarios tomaría el poder y transformaría Rusia. El mayor y más peligroso de estos grupos era Naródnaya Volya (Voluntad del Pueblo), cuyo principal teórico y líder era el carismático Serguéi Necháyev, en quien Dostoievski se basó para crear a Piotr Stepánovich Verjovenski, el nihilista personaje central de *Los demonios.*

Tras el asesinato del zar Alejandro II, Voluntad del Pueblo quedó casi aniquilada por la Ojrana. Se formaron pequeñas bandas de estudiantes, desaparecieron, reaparecieron y adoptaron el mismo nombre, antes de volver a desaparecer. Uno de estos grupos reclutó como miembro a Aleksandr Ilich Uliánov, un estudiante de ciencias naturales de veintiún años de la Universidad de San Petersburgo, que fue ahorcado en mayo de 1887 por participar en un intento fallido de asesinar a Alejandro III. Estas organizaciones *ad hoc* se convirtieron más tarde, a finales de siglo, en el Partido Socialista Revolucionario, la mayor formación de la izquierda radical del país.

A partir de la década de 1870 surgieron grupos rivales inspirados por una importación de Occidente: el marxismo. En un país semifeudal como Rusia, abandonaron la idea de una revolución surgida del campesinado. Creían que la revolución la dirigiría la clase obrera industrial. Un problema que preocupaba a los teóricos marxistas —y que provocó interminables disputas con los socialistas agrarios— era que Rusia estaba muy por detrás de Europa occidental en cuanto a producción industrial, y a finales del siglo XIX contaba con un «proletariado» minúsculo. El hermano de Aleksandr Uliánov, cuatro años menor que él, Vladímir, se convertiría, bajo el nombre de Lenin, en el más famoso de todos los marxistas rusos y en el creador del primer Estado fundado sobre sus principios. Muchos historiadores —el más reciente, Sean McMeekin en su obra *Nueva historia de la Revolución rusa* (2017)— han argumentado que la razón por la que el comunismo de estilo soviético se desarrolló como lo hizo es que Lenin intentó importar un credo y una filosofía occidentales a un país atrasado, como era Rusia. Más bien fue al contrario. Lenin transformó un conjunto de ideas europeas en una creación muy rusa: el bolchevismo. Su versión del marxismo, con su intolerancia, rigidez, violencia y crueldad, se forjó a partir de la experiencia de Lenin como ciudadano ruso del siglo XIX. Su bolchevismo tenía profundas raíces rusas, y las ideas de Lenin eran producto de su tiempo y lugar.

—★—

Vladímir Uliánov —que adoptó el seudónimo clandestino de Lenin más tarde, en el exilio, a la edad de treinta años— no procedía del proletariado para el que se propuso hacer la revolución. Nació en la modesta ciudad de provincias de Simbirsk (todavía hoy llamada Uliánovsk en su honor), a orillas del río Volga, a unos mil kilómetros al sur de Moscú, en 1870, en el seno de una familia de la pequeña nobleza. Su padre era inspector jefe de escuelas de una provincia y su rango de funcionario le otorgaba la condición de noble. Ningún rasgo de la infancia o de los primeros años de la adolescencia de Vladímir Uliánov indicaba que se convertiría en uno de los grandes rebeldes de la historia. Creció en un hogar feliz, en el seno de una familia afectuosa, con un sólido confort burgués, o incluso con una riqueza ostentosa. El ejemplo de sus padres le inculcó los valores de la diligencia, el ahorro, el trabajo duro y la importancia de la educación. No mostró interés por la política hasta que ejecutaron a su hermano, un golpe que devastó a su familia y radicalizó a un joven de diecisiete años inteligente y apasionado casi de la noche a la mañana. Él, su madre y sus dos hermanas —su padre había muerto de un derrame cerebral un año antes— sufrieron el desaire por la sociedad de clase media supuestamente liberal. Esto impulsó su virulento odio hacia «los burgueses» para el resto de su vida. Lenin estaba motivado por la emoción tanto como por la ideología. A menudo se lo retrató, tanto desde la izquierda como desde la derecha, como un ser calculador, frío como el hielo y que operaba con una lógica despiadada, pero era un malentendido: la rabia lo impulsaba con tanta fuerza como cualquier creencia en la teoría marxista.

Tras la muerte de su hermano, Lenin empezó a leer obras políticas y sobre la historia de los movimientos revolucionarios en Rusia. A pesar de ser un estudiante brillante, le prohibieron el acceso a las mejores universidades —Moscú o San Petersburgo— como castigo adicional para su familia. Consiguió una plaza en la Universidad de Kazán, pero lo expulsaron después de solo dos trimestres por el simple hecho de encontrarse en las proximidades de una manifestación política en la que casi no participó. Era culpable de estar asociado a su hermano. Vivía en la finca de su madre María Alexándrovna cerca de Samara, y fue allí donde leyó por primera vez a Marx. Afirmó que «fue amor a primera vista, literalmente amor», aunque está claro que la conversión no fue tan damascena, sino que le llevó mucho tiempo de reflexión y lucha, mientras traducía *El manifiesto comunista* al ruso. Al mismo tiempo se licenció en Derecho como estudiante externo en la Universidad de San Petersburgo, comprimiendo una carrera de cuatro años en dieciocho meses, y en los exámenes finales quedó el primero de todo el país.

Se trasladó a la capital, intentó trabajar como abogado, pero fracasó. No tardó en involucrarse en la actividad política clandestina: se convirtió en un conocido y eficaz polemista contra los revolucionarios socialistas «populistas».

El estilo de argumentación de Uliánov se formó pronto, y no cambió demasiado en las dos décadas siguientes. Casi siempre era dominante, abusivo, combativo y, a menudo, francamente tosco y despiadado. Atacaba a sus oponentes hasta la sumisión con el uso deliberado de un lenguaje violento que, como Vladímir Voitinski, un antiguo camarada del Partido Bolchevique, escribió más tarde, él reconocía que estaba «calculado para evocar odio, aversión, desprecio [...], no para convencer, no para corregir los errores del oponente, sino para destruirlo, para borrarlo a él y a su organización de la faz de la tierra».

Desde sus primeros días en los círculos opositores de San Petersburgo elaboró un método que lo distinguía de otros agitadores radicales; sin ayuda de casi nadie cambió el lenguaje de la extrema izquierda, que siguió su agresivo patrón. Durante generaciones, en todo el mundo comunista, los improperios y las duras invectivas caracterizaron el debate político entre los llamados camaradas, por no hablar de entre adversarios ideológicos. El intercambio de insultos se justificaba aduciendo que así era como Lenin había hecho las cosas. Era la manera soviética, inspirada por el fundador del Estado, que creó gran parte del lenguaje, el estilo de vida y la «cultura» política de la URSS. Sus sucesores, incluso los posteriores a Stalin, adoptaron este método de escarnio y abuso. Fue una de las principales lecciones del leninismo: «La dureza de la polémica se convirtió en una práctica bolchevique asentada», como diría uno de sus principales críticos, «y la traducción de las palabras en la acción correspondiente, la violencia física para complementar la brutalidad verbal, no era más que un final lógico del proceso». Calificar a los oponentes de «alimañas» y «escoria» es un paso sencillo y directo hacia tratarlos como tales.*

Esa forma de argumentar estaba peculiarmente bien adaptada a la personalidad de Lenin. Nunca tuvo un espíritu de colegialidad, sino que se consideraba a sí mismo como un hombre aparte. Fue uno de los primeros miembros del Partido Obrero Socialdemócrata de Rusia (POSDR), y casi desde el principio asumió su liderazgo. En 1895 lo detuvieron por subversión tras escribir artículos de apoyo a una huelga en una fábrica textil de San Petersburgo. Estuvo encarcelado dieciocho meses, seguidos de una pena de tres años de «exilio administrativo». Para tener caché social, un verdadero revolucionario ruso debía haber pasado tiempo en la cárcel y exiliado en los páramos siberianos si quería ser tomado en serio, como prueba de compromiso con la causa.

Las condiciones en el exilio zarista no eran tan duras como las que más tarde tuvieron que afrontar los disidentes en el gulag soviético: Lenin se casó en el exilio y se le permitió tener un arma para salir de caza. Pero tampoco era un campamento de vacaciones. A lo largo de los años, decenas de miles de personas murieron en los campos de trabajo o congeladas en la tundra del norte sin mayor delito que leer o escribir los libros equivocados. Algunos exiliados lo pasaron relativamente bien. Otros se enfrentaron a verdaderas penurias. En general, los revolucionarios judíos fueron a parar a los lugares más miserables y sufrieron el peor abandono como parte del antisemitismo institucionalizado del régimen

* Piotr Struve, *Collected Works* (Michigan University Press, Ann Arbor, 1970).

zarista. Yuli Mártov, por ejemplo, el líder menchevique que fue durante un breve periodo el principal rival de Lenin como abanderado de los marxistas rusos, pasó tres años en el gélido norte de Turujansk, donde las condiciones eran espantosas. Su salud quedó destrozada y fue allí donde mostró por primera vez los síntomas de la tuberculosis que lo mataría antes de cumplir los cincuenta años.

—★—

La gran contribución de Lenin a la causa socialista no fue como ideólogo ni como pensador, sino como organizador y brillante estratega político. El principal atractivo que ejercía sobre sus seguidores no se debía a la firmeza de su voluntad ni a su manifiesto intelecto. Su mayor habilidad durante los primeros años fue su capacidad para inspirar optimismo y esperanza. Afirmaba a sus seguidores que podían cambiar el mundo aquí y ahora si seguían una serie de pasos fáciles de comprender. No ofrecía la salvación en el más allá, sino un atisbo del cielo en el futuro inmediato. Se supone que el marxismo es una filosofía «científica» que puede «probarse» empíricamente. Pero cualquiera que haya sido un verdadero creyente —aunque lo niegue— lo ha sentido de manera emocional, religiosa y espiritual. Conociendo la historia del experimento comunista en el último tercio del siglo XX, cuando a los fanáticos los sustituyeron los arribistas y el cinismo carcomió el alma del socialismo, es fácil olvidar el ferviente idealismo de algunos de los primeros marxistas rusos. En la década de 1900 nadie sabía que existiría un Mao Zedong, un Pol Pot o un Nicolae Ceauşescu. El llamamiento de Lenin a los jóvenes, en su mayoría, era casi siempre esperanzador y optimista. Con la organización y las tácticas adecuadas, incluso unos pocos revolucionarios podrían derribar un imperio del tamaño del ruso y un régimen autocrático tan poderoso como el del zar. «Unos pocos miles de nobles han gobernado Rusia durante siglos. ¿Por qué no nosotros?», preguntó Lenin.

La esencia del leninismo está contenida en su obra más conocida, *¿Qué hacer?*, un largo opúsculo de unas cincuenta mil palabras. Publicado en 1902, lo dio a conocer como el líder en ciernes del socialismo revolucionario en Rusia y consiguió que se lo

El fotógrafo bolchevique Víctor Bulla realizó una serie de impactantes retratos de Lenin poco después de la Revolución de Octubre. A partir de 1920, imágenes como esta lucieron colgadas en miles de oficinas de toda la Unión Soviética.

considerara seriamente en toda Europa como una figura de la izquierda. Se convirtió en la Biblia de los bolcheviques de Lenin, el proyecto de cómo un pequeño grupo extremista tomaría el poder y se aferraría a él. «Dadnos una organización de revolucionarios y pondremos Rusia patas arriba», declaró. Gran parte de la obra se centraba en las condiciones internas de Rusia y en la construcción de un Partido para derrotar a la autocracia de los Románov. Sin embargo, también tenía una aplicación mucho más general, tanto en aquel momento como en el futuro. Mussolini aprendió de ella; los nazis la estudiaron. *¿Qué hacer?* se encontró en ordenadores cuando las tropas estadounidenses asaltaron las cuevas de Al Qaeda en Afganistán y los campamentos del Estado Islámico en Irak.

La revolución requería una «vanguardia» de personas «que ante todo hicieran de la actividad revolucionaria su profesión [...], no solo para unas pocas reuniones, sino las veinticuatro horas del día, tras haber aprendido las artes de la conspiración revolucionaria». Aseguraba que un partido así «no podía fracasar» si se lideraba correctamente. Era obvio a quién se refería como líder.

Uno de los grandes crímenes de pensamiento en la era soviética fue ser un «desviacionista» de las verdades establecidas por Marx y Engels. Millones de comunistas leales perdieron la vida en purgas contra la «desviación» durante el régimen de Stalin. El primer gran «desviacionista» fue Lenin, que con frecuencia daba la vuelta al marxismo cuando no se adaptaba a sus propósitos tácticos. «Para mí la teoría es solo una hipótesis, no son las Sagradas Escrituras. Es una herramienta en nuestro trabajo diario», dijo una vez, desconcertando a su audiencia. «Lenin podía desviarse, prevaricar, intrigar y sembrar la confusión, buscando el apoyo del diablo si se le ofrecía», como señaló Gueorgui Plejánov, el más famoso de todos los marxistas rusos anteriores a Lenin.

El capital de Marx llegó a Rusia en 1872, solo cinco años después de su primera publicación en Hamburgo, y quince años antes de que apareciera en inglés. Fue un éxito instantáneo. Tanto si se leía todo el enorme libro como si no, y mucho menos si se captaban sus implicaciones, su tirada de tres mil ejemplares se agotó en menos de un año, mientras que la edición alemana de mil tardó cinco años en hacerlo. Las ideas de Marx se difundieron rápidamente entre la intelectualidad rusa. Su énfasis en que la revolución socialista solo podía ser dirigida por la clase obrera industrial parecía explicar por qué había fracasado el movimiento populista de la década de 1870. Para los intelectuales rusos suponía la esperanza de que la atrasada Rusia se uniera algún día a las «avanzadas» sociedades capitalistas occidentales. Se desarrollaría siguiendo las líneas que según Marx había seguido Europa occidental, desde el feudalismo, pasando por una revolución burguesa, hasta el capitalismo, las etapas que Marx predijo que conducirían «inevitablemente» al socialismo y después al comunismo.

El marxismo tenía un atractivo particular para los radicales rusos que ni el propio autor hubiera podido sospechar, pues apenas pensaba en Rusia cuando lo estaba escribiendo y casi no menciona el país ni una sola vez en casi setecientas páginas de densa escritura. Para muchos intelectuales rusos, la idea de que el marxismo acercaría Rusia a Occidente era su principal atractivo. Iluminaría un «camino de razón, ilustración y esperanza», según la inteligente hermana de Mártov, Lidia.

Una diferencia significativa entre los marxistas ortodoxos en lo doctrinal y los «desviacionistas» radicaba en si un país principalmente agrario como Rusia, donde el ochenta y cinco por ciento de la población eran campesinos, estaba maduro para una inminente revolución socialista. Esto ahora nos puede parecer un punto algo abstruso, pero en su momento dividió a los marxistas revolucionarios como una cuestión ideológica crucial. Lenin argumentó apasionadamente que el capitalismo avanzaba con rapidez en Rusia y la clase obrera crecía, por lo que estaba preparada para la revolución. Todo lo que se necesitaba era un empujón por parte de un Partido organizado con eficacia, bien dirigido y bajo un control central. Otros argumentaban que Rusia aún no estaba lista; el país debía esperar a las diversas etapas de desarrollo expuestas por Marx. No solo se trataba de un mero debate abstracto sobre los puntos más sutiles de la ideología. Lenin no quería «esperar y ver». Creía en la acción práctica inmediata para hacer la revolución lo antes posible.

Su fe y confianza en sí mismo eran inquebrantables. Escindir el Partido una y otra vez, y permanecer durante tanto tiempo en el desierto político, parecería una ruta desesperada para un grupo minúsculo y con escaso apoyo popular. Pero con el tiempo —y Lenin siempre tenía una visión más general y a más largo plazo— la táctica dio sus frutos. En su cálculo, no importaba tanto cuántos partidarios tuviera. Lo importante era tener un grupo de gente, un Partido, leal a él, de personas disciplinadas y dedicadas que difundieran la palabra verdadera. «No quiero gente con opiniones indeterminadas y vacilantes. Mejor un pez pequeño que un escarabajo grande. Mejor dos o tres hombres enérgicos y completamente entregados que una docena de holgazanes», le dijo a su esposa Nadia Krúpskaya. La escisión más grave e irrevocable se produjo en 1902 durante un congreso del Partido en Londres, cuando surgió un gran cisma y las palabras bolchevique y menchevique se utilizaron por primera vez como etiquetas políticas. Las cuestiones principales eran arcanas, minúsculas. El propio Lenin admitió que «en sustancia, las diferencias carecen de importancia». Eran sobre todo personales —Lenin veía a Mártov como un líder rival potencial— y en poca medida sobre el tipo de partido revolucionario que sería el POSDR. Lenin quería un cuerpo de élite estrechamente organizado de revolucionarios dedicados y profesionales bajo una dirección muy centralizada que impusiera disciplina a la militancia. Mártov tenía en mente un Partido más flexible, más inclusivo, menos controlado por la dirección, en el que los miembros tuvieran bastante más voz. La escisión real fue algo así como «¿Cuántos ángeles pueden bailar sobre la cabeza de un alfiler?». Hubo varias votaciones sobre la organización del Partido y en una de ellas Lenin y su grupo obtuvieron la mayoría, habiendo perdido todas las demás. Con su característico dominio de la táctica y el discurso calificó a sus seguidores de «bolchinstvo», que significa la mayoría, y a sus oponentes de «menchintsvo», es decir, la minoría. Durante las décadas siguientes, hasta la era de Stalin, la Revolución rusa se desarrolló en medio de las rivalidades entre bolcheviques y mencheviques, y lo que estaba en juego era de lo más importante: una cuestión de vida o muerte.

La esposa de Lenin, Nadezhda Krúpskaya, una revolucionaria tan fanática y comprometida con la causa del socialismo como su marido. Los biógrafos a menudo la tachan de esclava doméstica, pero era mucho más que eso.

Avenida Nevski hacia 1900. La principal arteria de San Petersburgo en tiempos más tranquilos.

3

EL ENSAYO GENERAL

3

EL ENSAYO GENERAL

En 1904, al cabo de una década de reinado, Nicolás II cometió otro de sus desastrosos errores, que dio impulso al torbellino revolucionario que acabaría derrocándolo. En un intento de aumentar el poder ruso en Oriente, inició una guerra con Japón por el control del mar de la China Meridional. Los rusos supusieron que obtendrían una victoria rápida que les permitiría dominar Manchuria y extender su influencia sobre la península de Corea; al fin y al cabo, como dijo el zar, solo se enfrentaban a «hombres amarillos, no del todo civilizados». Pero los militares rusos estaban lamentablemente mal preparados y apenas tuvieron en cuenta que Japón se estaba modernizando a marchas forzadas y que ya contaba con unas capacidades militares a la altura de sus ambiciones imperiales. Rusia sufrió una humillante derrota en tierra y perdió casi toda su flota del Pacífico. Se vio obligada a pedir la paz. Nicolás se sintió abatido. Si hubiera echado mano de su imaginación, se habría dado cuenta del peligro que corría su permanencia en el trono.

En casa, el apoyo a la Corona menguaba entre los antiguos leales, incluso en la aristocracia. El zar se enemistó con los pocos magnates de los negocios que habían impulsado el auge económico, oligarcas rusos de otra época. Nicolás y sus cortesanos pensaban que no debían rebajarse a tratar con gente «de negocios», y el resultado fue que la mayoría apoyó a los liberales moderados que urgían reformas al estilo occidental. Algunos fueron más allá. El magnate de la industria textil Savva Morózov, enormemente rico, fue el mayor contribuyente de los bolcheviques: «En estos tiempos es necesario ser amigo de los propios enemigos», le dijo a uno de los lugartenientes de Lenin. El más rico de todos ellos, Alekséi Putilov, que empleaba a veintisiete mil personas en sus grandes obras de ingeniería en las afueras de San Petersburgo y fabricaba buena parte de las armas para el ejército ruso, declaró poco después del estallido de la guerra que «el zarismo está perdido, no hay esperanza».

Una serie de huelgas a principios de 1905 cerraron varias fábricas de San Petersburgo, aunque nunca llegaron a considerarse una amenaza real de insurrección. Algunos de los industriales estaban dispuestos a mantener las fábricas en funcionamiento concediendo modestos aumentos salariales. Otros, respaldados por la corte, no querían ceder al «chantaje industrial» y parecían desear una confrontación. El líder de la huelga era un sacerdote carismático, el padre Gueorgui Gapón, que creía que si se informaba al zar de la vida de los trabajadores rusos de a pie y se apelaba directamente a él, intervendría para obligar a los empresarios industriales a mejorar las condiciones de las fábricas y a subir los salarios. Era ingenuo hasta la desesperación, pero también era persuasivo, y el entusiasmo de los trabajadores por seguirlo demostró la fe que el público parecía tener en el zar.

Gapón convocó a los huelguistas y a sus familias a manifestarse el domingo 9 de enero (calendario juliano; el 22 de enero del calendario gregoriano). Escribió una petición llena de modestia y un sentimiento trágico:

> SEÑOR: Nosotros, los trabajadores y habitantes de San Petersburgo, de diversos estamentos, nuestras esposas, nuestros hijos y nuestros ancianos e indefensos padres, venimos a VOS, oh, Señor, en busca de justicia y protección. Estamos empobrecidos, oprimidos, sobrecargados de un trabajo excesivo, tratados con desprecio [...], nos asfixiamos en el despotismo y la impunidad... No nos quedan fuerzas y nuestra resistencia ha llegado a su fin. Hemos llegado a ese aterrador momento en que la muerte es mejor que la prolongación de nuestro insoportable sufrimiento.

La mañana del día de la manifestación «el sol brillaba intensamente en un cielo azul pálido sobre la blanca extensión del Neva y los tejados y calles cubiertos de nieve», registró el escritor Maksim Gorki, un socialista comprometido. El grueso de la marcha desarmada estaba encabezado por grupos de mujeres y niños, «vestidos con sus mejores galas». Gapón iba al frente de una de las columnas, «vestido con una larga sotana blanca, llevando un crucifijo. Justo detrás de él había un gran retrato del zar». Cuando la procesión llegó al Arco de Triunfo de Narva, fue embestida por una tropa de caballería con sables. El grueso de los manifestantes se dispersó, pero algunos siguieron marchando hacia una línea de infantería y terminaron acribillados.

Algunos manifestantes llegaron cerca del Palacio de Invierno. El escritor Maksim Gorki vio cómo las tropas los disparaban:

> Derribando a chiquillos encaramados a los árboles de un jardín vecino [...]. Un trineo subió velozmente por la Nevski seguido por media docena de obreros que corrían con las manos desnudas y se persignaban, algunos llorando. En el trineo iba sentado un joven que sostenía en sus brazos a un estudiante, muerto, con la cara convertida en una herida abierta. Tres o cuatro cosacos se acercaron galopando, tiraron de las riendas, miraron el trineo y luego siguieron cabalgando con una risa burlona.

A medida que avanzaba la noche, el ambiente pasó de la conmoción a la ira. Un reportero del *Times* de Londres, Harold Williams, escribió:

> [Miré] los rostros a mi alrededor y no detecté miedo ni pánico [...] sino hostilidad y odio. Vi esas miradas de odio en todos los rostros, jóvenes y viejos, hombres y mujeres. Había nacido la revolución. El ideal popular —mito o no— de un buen zar, que había sostenido el régimen durante siglos, quedó destruido en un parpadeo.*

Durante siglos, los zares habían recurrido al ejército en repetidas ocasiones para sofocar la disidencia interna; era una de sus principales funciones y, entre 1883 y 1903, las tropas reprimieron

* Harold Williams, *The Times,* 10 de enero de 1905.

unas mil quinientas veces a los manifestantes. Pero ahora, ya en el siglo XX, su uso les pareció un exceso bárbaro a los leales partidarios del régimen. El Domingo Sangriento, como se conoce esa fecha desde entonces, fue diferente de las atrocidades anteriores en otros aspectos. Ocurrió en la capital de Rusia, donde había periodistas internacionales, y la velocidad de los medios hizo que al día siguiente la noticia ocupara las portadas de los periódicos de todo el mundo. Los gobiernos extranjeros estaban preocupados por el peligro de una Rusia sumida en el caos. El embajador estadounidense, Robert McCormick, informó a Washington tres días después: «Los acontecimientos [...] debilitaron, si no hicieron añicos, esa lealtad inquebrantable y esa profunda veneración que han caracterizado al súbdito del zar de todas las Rusias [...]. El zar nunca podrá recuperar su antigua posición privilegiada».

La cifra oficial del Gobierno situaba el número de muertos en unos doscientos y el de heridos en ochocientos, pero la cifra real era probablemente tres veces superior. En Ginebra, a miles de kilómetros, Lenin estaba convencido de que aquello suponía el principio del fin del zarismo, y que tal fin no tardaría en llegar. Más tarde, después de 1917, lo llamaría el «ensayo general» de su Revolución, como si todo estuviera planeado y guionizado. La reescritura comunista de la historia atribuyó al POSDR de Lenin un papel protagonista en los acontecimientos, pero, de hecho, los bolcheviques casi no participaron en las huelgas y disturbios iniciales.

Tampoco lo hizo ninguno de los otros grupos revolucionarios. Apenas un puñado de miembros del Partido estuvieron presentes en la manifestación del Domingo Sangriento, y estaban justo al final de la marcha, ubicados allí casi como una ocurrencia de última hora.

—★—

La masacre no puso fin a las protestas. Los combates esporádicos entre trabajadores y unidades del ejército se prolongaron durante cinco días en San Petersburgo y, con mayor ferocidad, en Moscú, donde murieron numerosos civiles. Las huelgas continuaron durante meses en una atmósfera de parálisis gubernamental y crisis

Lev Bronstein —Trotski— de joven, fotografiado poco después de su huida del exilio siberiano en 1902. Su otro apodo revolucionario era «Pluma» porque como periodista escribía con mucha asiduidad y rapidez.

política desconocida en Rusia desde hacía un siglo. En ciudades de toda Rusia, los trabajadores eligieron comités o consejos representativos para dirigir las huelgas, recaudar fondos y organizar las protestas. Este fue el primer uso de la palabra «sóviet» —que en ruso significa 'consejo'— en el contexto revolucionario en el que llegó a ser tan conocida. Se produjo un motín en la flota de Crimea, celebrado en la famosa película de Serguéi Eisenstein años más tarde, *El acorazado Potemkin,* y al menos cuarenta motines entre los regimientos de infantería.

Una oleada de detenciones siguió al Domingo Sangriento. Gorki fue detenido dos días después, acusado de organizar una revolución conspirativa, aunque lo único que había hecho era presenciar la masacre y escribir sobre ella. Savva Morózov y otros industriales aumentaron sus subvenciones a los grupos revolucionarios.

Los disturbios se extendieron de las fábricas a las tierras, algo preocupante para la corte y la aristocracia. Se incendiaron decenas de fincas y se atacó a sus propietarios. Muchos terratenientes de la alta burguesía, puede que los más inteligentes, dijeron que lo más significativo de los «disturbios» de 1905 era que la actitud de los campesinos «parecía haber cambiado de repente [...]. En lugar de la anterior cortesía de los campesinos, de su amabilidad y humildad, solamente había odio en sus rostros y la forma en que saludaban era solo una manera de subrayar su rudeza». Otro gran terrateniente de la provincia de Tula, una de las más ricas de Rusia desde el punto de vista agrícola, señaló:

> Externamente todo parecía haber vuelto a la normalidad. Pero algo esencial, algo irreparable, había sucedido en el pueblo. Un sentimiento general de temor había socavado toda la confianza. Después de una vida segura (nadie había cerrado nunca puertas y ventanas por la noche), los nobles se procuraron armas y realizaron personalmente rondas para probar sus medidas de seguridad.*

En otoño, el zar cedió a la presión de los consejeros liberales de su administración pública, encabezados por el primer ministro Ser-

* Figes, *La Revolución rusa: la tragedia de un pueblo (1891-1924).*

guéi Witte, y concedió algunas de las reformas que hasta entonces había mantenido que nunca haría. Se legalizaron por primera vez los partidos políticos y se estableció una especie de parlamento, la Duma, aunque con un derecho de voto muy limitado. Se relajó la censura y la prensa adquirió una mayor libertad, aunque no completa. El régimen mantuvo su control sobre el poder real, pero el Manifiesto de Octubre logró, por el momento, satisfacer las demandas de la opinión liberal moderada y dio tiempo al zar para consolidar su capacidad de aplastar a los grupos de extrema izquierda. Esta vez consiguió evitar la revolución, pero no aprendió ninguna lección ni aceptó que los Románov ya no podían seguir gobernando a la antigua usanza. Como dijo Lenin: «El zarismo ya no era capaz de reprimir la revolución; la revolución todavía es incapaz de destruir el zarismo».

—★—

En cuestión de meses quedó claro que el zar no tenía intención de cumplir unos compromisos que, según dijo, «me han impuesto por coacción». Prorrogó la primera Duma poco después de que comenzaran sus sesiones y forzó nuevas elecciones sobre una lista manipulada que garantizaba el apoyo a la Corona. Las huelgas y las manifestaciones continuaron, al igual que los asesinatos de funcionarios por parte, principalmente, de revolucionarios socialistas. Hubo unos dos mil quinientos en los dos años posteriores al Manifiesto de Octubre. El régimen utilizó medidas extremas para reprimir los disturbios en un momento en que algunos funcionarios afirmaban que el Gobierno estaba introduciendo algo parecido al orden parlamentario. Más de quince mil personas murieron asesinadas en esos dos años, al menos setenta mil sufrieron detenciones y otras cuarenta y cinco mil fueron exiliadas a Siberia. «Al terror hay que responder con terror», dijo Nicolás.

El zar despidió a Witte, culpándolo de los continuos disturbios. Lo sustituyó Piotr Stolypin, probablemente el primer ministro más inteligente que jamás tuvo. Stolypin era un conservador muy perspicaz, un hábil administrador que combinó las primeras reformas económicas serias que se aplicaban desde hacía generaciones —introdujo planes radicales para extender la propiedad privada de la tierra entre los campesinos— con severas medidas policiales contra los «alborotadores subversivos». Miles de personas fueron ahorcadas con la «corbata de Stolypin», como llegó a conocerse, después de que «tribunales de campaña» celebrados al aire libre los condenaran a muerte sin juicio previo. A finales de 1906, ochenta y dos de las ochenta y siete provincias rusas estaban bajo la ley marcial. Se envió al exilio a un número incalculable de personas en los «vagones de Stolypin». Pueblos enteros acabaron arrasados. «El zar ha ido a la guerra contra su gente», como dijo un funcionario de alto rango. «Es una bacanal absoluta de arrestos, registros, redadas», dijo Stalin, que sabía de esas cosas. Los levantamientos nacionalistas en las repúblicas bálticas, el Cáucaso y Ucrania se sofocaron con brutalidad, con muchos miles de muertos. La idea de que el Gobierno ruso se estaba reformando siguiendo las líneas occidentales e introduciendo principios democráticos en una monarquía constitucional resulta ridícula.

—★—

Años antes de que los camisas negras de Mussolini y los matones fascistas de Hitler libraran batallas callejeras con judíos y socialistas tras la Primera Guerra Mundial, Nicolás animó a los grupos nacionalistas extremistas a que lo apoyaran contra demócratas, liberales, judíos y la izquierda. Fue un entusiasta defensor de la recién creada Unión del Pueblo Ruso, que se movilizó en apoyo del «Zar, la Fe y la Patria». Invitó a sus dirigentes a su palacio de Tsarskoe Selo, lució sus insignias en sus uniformes y subvencionó sus periódicos. En 1906 la organización contaba con trescientos mil miembros, casi cien veces más que los bolcheviques de Lenin. Si en esta etapa Nicolás tenía alguna ideología, era el antisemitismo, un pecado común y acuciante en todo el Imperio ruso. Pero el odio del zar hacia los judíos era visceral, imperial en su ámbito y alcance. Muchos cortesanos siguieron su ejemplo.

En 1905-1906 más de tres mil judíos perdieron la vida en pogromos desde los Estados bálticos hasta Crimea. La mayoría

Piotr Stolypin, primer ministro tras la Revolución de 1905, el más inteligente de los consejeros zaristas. Fue asesinado en 1911 y «el conservadurismo inteligente murió con él».

de las matanzas corrieron a cargo de extremistas que se hacían llamar las «centurias negras», el brazo armado de la Unión del Pueblo Ruso. Las autoridades no los organizaron, pero tampoco hicieron nada para detenerlos. Lo peor ocurrió en Odesa en los días inmediatamente posteriores al anuncio del Manifiesto de Octubre. Más de ochocientos judíos murieron asesinados, cinco mil resultaron heridos y cien mil se quedaron sin hogar cuando les incendiaron sus casas. Pocos días después, el zar envió un telegrama a Aleksandr Dubrovin, el líder de las centurias negras. «Que seas mi fiel apoyo, sirviendo para todos y en todo como ejemplo de legalidad y faz del orden cívico».

La Ojrana fue despiadada y eficaz en la represión de los grupos revolucionarios. Lenin había regresado a Rusia brevemente en 1906 tras el Manifiesto de Octubre, pero se vio obligado a pasar de nuevo a la clandestinidad pocas semanas después y volvió al exilio en Europa occidental, donde permanecería durante la década siguiente. Trotski había brillado con luz propia durante unas semanas como líder del sóviet de San Petersburgo en 1905, pero lo detuvieron y exiliaron a Siberia, aunque no tardó en escapar. El contacto entre los revolucionarios emigrados en París, Londres, Ginebra y los pocos que quedaban dentro de Rusia era irregular. En 1912 había unos tres mil miembros bolcheviques en todo el país. El Partido Social-Revolucionario (PSR) quizá contara con más, pero no muchos más.

Los métodos del palo y la zanahoria de Stolypin para tranquilizar al país estaban funcionando, aunque el éxito de su llamada «apuesta por los fuertes» en el campo para establecer una nueva clase de campesinos propietarios fue modesto. Sin embargo, lo más importante era que había perdido el favor del zar. Pero antes de que pudieran despedirlo como primer ministro, fue asesinado en Kiev, probablemente con la connivencia de la Ojrana. El conservadurismo inteligente y racional murió con él. El peligro para el régimen se había atenuado por el momento, pero no había desaparecido del todo. El resentimiento era profundo, así como el miedo y la constatación de que la policía, el ejército y las fuerzas de represión eran demasiado fuertes, al menos en aquel entonces.

Las esporádicas huelgas y la violencia estallaban de manera habitual y siempre cabía la posibilidad de que una chispa pudiera desencadenar una conflagración. En abril de 1912, 235 mineros en huelga murieron a manos de soldados en las minas de oro del Lena, en el noreste de Siberia; estallaron manifestaciones en Moscú y en la capital. A finales de ese año, 2,6 millones de personas vivían en Rusia bajo la ley marcial y 63 millones bajo la «protección forzosa», que otorgaba a los gobernadores provinciales nombrados por la Corona el poder de gobernar por decreto ejecutivo. En junio de 1914 comenzó una oleada de huelgas en San Petersburgo y los soldados tuvieron que sofocarlas. Se estaba gestando un fervor revolucionario en Rusia. Sin embargo, la verdadera amenaza para la dinastía Románov no vendría de la clase obrera ni del campesinado ruso, sino del propio trono.

4

EL MUNDO EN GUERRA

4

EL MUNDO EN GUERRA

Muchos de los asesores del zar le desaconsejaron involucrar a Rusia en una guerra a escala europea que parecía probable desde principios de siglo. El conde Witte le dijo a Nicolás que el país «no puede permitirse el lujo de arriesgarse a una derrota porque el ejército es el pilar del régimen y puede ser necesario para preservar el orden en casa». Se le agradeció el consejo, y se le pidió que dejara de ser tan negativo.

En febrero de 1914, el ministro del Interior, Piotr Durnovo, un reaccionario extremo que como jefe de policía había ordenado la destrucción de aldeas enteras y el asesinato de miles de campesinos tras la Revolución de 1905, escribió un clarividente memorándum a Nicolás advirtiéndole de que Rusia y la monarquía eran demasiado débiles para soportar la larga guerra de desgaste en la que podría convertirse un conflicto militar con Alemania y Austria-Hungría. Predijo con notable exactitud lo que probablemente ocurriría:

> Los problemas comenzarán con la culpabilización del Gobierno por todos los desastres. En las instituciones legislativas se iniciará una amarga campaña contra el Gobierno, seguida de una agitación revolucionaria en todo el país, con consignas socialistas capaces de despertar y aglutinar a las masas, comenzando por la división de la tierra y sucedida por un reparto de todos los objetos de valor y propiedades. El ejército derrotado, habiendo perdido a sus hombres más fiables, y arrastrado por la marea del primitivo deseo campesino de tierra, se encontrará

> demasiado desmoralizado para servir de baluarte de la ley y el orden. Las instituciones legislativas y los partidos intelectuales de la oposición, carentes de autoridad real a los ojos del pueblo, resultarán impotentes para frenar la marea popular [...]. Rusia se verá abocada a una anarquía sin esperanza, cuyo desenlace es imprevisible.

El místico favorito del zar, Grigori Rasputín, en quien la zarina confiaba más que en nadie como «nuestro amigo, enviado de Dios», advirtió contra la guerra y predijo que si estallaba un conflicto con Alemania «sería el fin para todos vosotros». Incluso a él lo ignoraron.

Los historiadores que no suelen simpatizar con el zar Nicolás han argumentado que poco podía haber hecho para evitar la guerra en agosto de 1914, que la carrera hacia un conflicto por parte de las grandes potencias tenía impulso propio. Pero no hay pruebas de que se viera en modo alguno forzado a ello por su burocracia o por una oposición belicosa. Pensó que una victoria rápida en una guerra breve apuntalaría su posición y los registros muestran que estaba entusiasmado con una guerra que, estaba seguro, Rusia ganaría con sus principales aliados, Francia y Gran Bretaña. El zar «saltó a las tinieblas de la Gran Guerra sin que nadie lo empujara [...], su tan cacareado sentido del honor así lo exigía».* Nicolás tenía una alternativa sencilla, que era totalmente factible desde el punto de vista político. Podía haber decidido no ir a la guerra, salvar su vida y a su país de una catástrofe de un siglo de duración.

—★—

En Rusia, la guerra comenzó con una oleada de fervor patriótico, al igual que en todos los países beligerantes. El zar recibió grandes aclamaciones desde el balcón del Palacio de Invierno cuando se anunció la declaración de guerra en San Petersburgo, cuyo nombre se había cambiado de la noche a la mañana por el de Petrogrado para que sonara menos alemán. Los nacionalistas paneslavos y la prensa patriotera llevaban mucho tiempo clamando por la guerra. Estaban convencidos de que «todo habría terminado

* Robert Service, *Historia de Rusia en el siglo XX* (Crítica, Barcelona, 2016).

para Navidad», con Rusia en control de los Balcanes y habiendo logrado la ambición largamente acariciada por los Románov de arrebatar Constantinopla a los turcos.

Las ofensivas iniciales resultaron favorables para los rusos. No tardaron en conquistar grandes extensiones de Galitzia a Austria-Hungría. Sin embargo, cuando se enfrentaron al bien entrenado y profesional ejército alemán enviado para reforzar a su aliado austriaco, se vieron superados por completo y sufrieron una derrota tras otra. Perdieron un cuerpo de ejército en los lagos Masurianos, con más de ciento veinte mil hombres entre muertos y heridos. La batalla de Tannenberg, solo cuatro semanas después del comienzo de la guerra, fue una de las peores derrotas de la historia rusa; el 2.º Ejército quedó aniquilado, con más de ciento sesenta mil bajas. El general vencedor, Paul von Hindenburg, diría más tarde que «tuvimos que retirar los montones de cadáveres enemigos de delante de nuestras trincheras para tener un campo de tiro despejado contra las nuevas oleadas rusas que nos asaltaban. La imaginación puede intentar reconstruir la cifra de sus pérdidas, pero un cálculo exacto será para siempre una tarea fútil». El general derrotado, Aleksandr Samsónov, se internó en un bosque cercano a su puesto de mando y se pegó un tiro. En tres meses los rusos habían perdido toda posibilidad real de librar una guerra ofensiva y luchaban por sobrevivir.

Durante el siglo XIX, el Imperio ruso había conquistado con rapidez vastos territorios hacia el este y el sur del Cáucaso; había obtenido buenos resultados en las guerras de los Balcanes de 1912-1913, no tan buenos en 1853-1856 contra los británicos y los franceses en Crimea, y muy malos contra los japoneses en 1904-1905. Sus tácticas apenas habían cambiado desde la época de Napoleón; el ejército no estaba preparado para una guerra de desgaste.

Las bajas rusas en las primeras semanas de la Primera Guerra Mundial fueron abrumadoras, mucho mayores de lo que nadie esperaba, y había tan pocas reservas que el ejército pronto se vio obligado a enviar al frente a hombres sin entrenamiento procedentes de la segunda leva. A finales de octubre de 1914, Rusia había perdido 1,2 millones de hombres entre muertos, heridos y desaparecidos, muchos de ellos jóvenes oficiales entrenados y suboficiales profesionales. El comandante del 8.º Ejército, el mariscal Alekséi Brusílov, que más tarde se convertiría en comandante supremo del ejército, dijo que la batalla de Przemyśl, librada ese mes en la parte rusa de Polonia, fue la última en la que comandó

> un ejército que había sido debidamente instruido y entrenado antes de la guerra [...]. Después de apenas tres meses de guerra, la mayor parte de nuestros oficiales regulares y profesionales y de nuestros hombres entrenados se habían desvanecido, por lo que solo quedaba el esqueleto de lo que había sido una fuerza [...]. A partir de ese momento, el carácter profesional de nuestras fuerzas desapareció [...], muchos soldados ni siquiera sabían cargar sus fusiles. Esas personas no podían considerarse realmente soldados en absoluto [...]; el ejército regular desapareció, sustituido por un ejército de ignorantes.

Las reservas en la retaguardia, añadió, eran los hombres que «fueron el caldo de cultivo para la deserción masiva, el descontento y por último el motín que dio origen a la Revolución». Estos se convertirían en los guardias rojos de Lenin y en cómplices bien dispuestos.

El ejército se quedó sin equipo con más rapidez que sin soldados. En octubre de 1914 había 6,5 millones de hombres en armas y solo se distribuyeron 4,6 millones de fusiles. Cuando estalló la guerra, el ejército ruso solo disponía de 679 automóviles y dos ambulancias motorizadas. El equipo, incluida la artillería pesada, los oficiales superiores y los soldados heridos se descargaban de las cabeceras de las líneas de ferrocarril sobre carretas campesinas que debían circular por caminos embarrados. El estado primitivo de las comunicaciones estaba en la raíz del desastre militar. A lo largo del extenso frente occidental ruso solo había veinticinco teléfonos y unas pocas máquinas de código morse; las comunicaciones telegráficas se interrumpían constantemente. Los comandantes y sus ayudantes debían desplazarse a caballo para enterarse de lo que ocurría en el frente, más o menos como en los días descritos en *Guerra y paz*. La industria no producía suficiente munición, incluidos los proyectiles para los cañones pesados, en parte porque el zar y la nobleza de la corte se oponían a que los empresarios ganaran demasiado dinero con la guerra. Los generales pensaron que habría suficiente para la corta guerra que les habían asegurado y no tomaron previsiones para la fabricación de armas después de unos meses de combate. Muchos batallones se quedaron sin municiones después de unas pocas semanas de combate. A mediados de octubre de 1914 se ordenó a algunos soldados que se limitaran a disparar solo diez proyectiles al día durante la batalla. En muchos casos, cuando la artillería pesada alemana bombardeaba sus posiciones, a los artilleros rusos se les prohibió devolver el fuego. En la batalla de Przasnysz, en febrero de 1915, las tropas rusas cargaron contra los alemanes con las manos casi vacías, y cuando los abatían, las tropas desarmadas de la retaguardia llenaban los huecos, con órdenes de coger las armas de los caídos. «Se lanzaban contra las líneas enemigas armados con una bayoneta en una mano y una especie de bomba o granada en la otra».*

La moral se hundió rápidamente, y los bolcheviques lo aprovecharon en su beneficio. Brusílov dijo que después de que se hubiera aniquilado a los soldados profesionales en las primeras semanas del conflicto, la mayoría de sus reservas no podían ver más allá de su pueblo o provincia y ni siquiera sabían por qué se estaba librando la guerra. «Los nuevos reclutas que llegaban del interior de Rusia no tenían la menor noción de lo que la guerra tenía que ver con ellos», declaró. Los soldados rusos preferían caer prisioneros a combatir. En el primer año de la guerra, el número de rusos tomados prisioneros fue cuatro veces y media mayor que el de muertos en combate: 1,2 millones frente a 270 000. En el ejército británico esa cifra se invirtió y los muertos superaron a los prisioneros de guerra en una proporción de cinco a uno. A medida que avanzaba la guerra, los prisioneros rusos superaban a los muertos en una proporción de dieciséis a uno.

—★—

* Max Hastings, *Catastrophe: Europe Goes to War 1914* (William Collins, Londres, 2013).

En el frente interno, los rusos «bailaban el último tango al borde de las trincheras llenas de cadáveres olvidados», como dijo Vasili Shulgin, un diputado de la oposición ultraconservadora en la Duma. En Petrogrado, los acomodados estaban de fiesta como si no hubiera un mañana; para muchos de ellos, no lo habría. Era el final de la llamada «Edad de Plata» de la cultura rusa, un extraordinario florecimiento del arte, la literatura, la música, el diseño y la ciencia. Escritores como Aleksandr Blok y Nikolái Gumiliov componían su mejor poesía, y Vasili Kandinski, Marc Chagall y Kazimir Malévich producían una pintura extraordinaria. El gran bajo Fiódor Shaliapin estaba en la cumbre de su carrera como cantante; los Ballets Rusos de Serguéi Diáguilev asombraban al público de toda Europa. Serguéi Rajmáninov, Ígor Stravinski y Serguéi Prokófiev revolucionaban la música de diversas maneras. Científicos rusos como el químico Dmitri Mendeléyev y el pionero de la investigación psicológica moderna, Iván Pávlov, ganaban premios Nobel. Pero el reverso de la moneda era un «hastío sin sentido» y un aire ubicuo de final inminente, descrito con contundencia por el escritor Dmitri Merezhkovski. La escala épica de las bacanales, la bebida y la promiscuidad, iba más allá de la decadencia. Era en parte histeria, en parte una declaración de desesperanza. «¿A qué estado nos han llevado los Románov? Al quinto acto de una tragedia representada en un burdel», dijo Merezhkovski, cuya tendencia política era de derechas. Su esposa, la poetisa Zinaida Gippius, escribió en su diario: «Rusia es un gran manicomio. Si visitas un manicomio en un día de puertas abiertas, puede que no te des cuenta de que estás en él. Parece bastante normal, pero los internos están todos locos».

El vodka estaba prohibido desde el comienzo de la guerra, aunque no así el vino y los licores, lo que no propiciaba la buena armonía entre las clases ni tenía mucho sentido desde el punto de vista económico; el impuesto sobre la venta de vodka aportaba el veinte por ciento de los ingresos imponibles del Estado y su ausencia dejaba un gigantesco agujero negro en el presupuesto. Los pobres recurrían al aguardiente casero o del mercado negro para ahogar sus penas; los ricos se daban un atracón de champán. Se jugaban enormes fortunas de la noche a la mañana, mientras la escasez de alimentos golpeaba a las familias de clase media y la inflación se disparaba. El precio de la mayoría de los alimentos, incluido el pan, producto básico en Rusia, subió alrededor del quinientos por ciento entre el verano de 1914 y enero de 1917. La inflación de los medicamentos fue aún mayor. Desde el otoño de 1915 había largas colas fuera de las tiendas de alimentos y se hacían cada vez más largas a medida que avanzaba la guerra. Se establecieron campamentos con camas frente a algunas grandes panaderías y carnicerías. En enero de 1917, una trabajadora media de San Petersburgo trabajaba un turno de diez horas y pasaba unas cuarenta horas a la semana haciendo cola para conseguir comida.

La exhibición de vulgares excesos en tiempos de guerra escandalizaron a los extranjeros y a las clases medias del país. Sir Samuel Hoare, jefe de la inteligencia británica en Petrogrado, llegó a odiar a las clases altas rusas: «Su riqueza y el derroche que hacían de ella me deslumbraron después de las austeras condiciones de la Inglaterra en tiempos de guerra».

La moral en el ejército se había hundido. Aunque la «ofensiva Brusílov» de junio a septiembre de 1916 en Ucrania occidental infligió horrendas bajas a las Potencias Centrales, también se cobró un grave tributo en vidas rusas. A finales de 1916, hasta cinco millones de soldados rusos habían muerto, habían resultado heridos o estaban prisioneros desde el comienzo de la guerra. Desertaban en masa. El presidente de la Duma, Mijaíl Rodzianko, dijo a sus amigos que «los síntomas de la desintegración del ejército podían sentirse ya en el segundo año de la guerra [...]. Los refuerzos de los batallones de reserva llegaban al frente con una cuarta parte de los hombres que habían desertado». La decadencia no solo se daba entre los rangos inferiores reclutados. «Los oficiales prolongaban sus permisos, a menudo por muchas semanas, y pasaban el tiempo en salas de juego y restaurantes elegantes. Los hoteles se abarrotaban de oficiales que deberían estar en el frente. No hay deshonra en ser un absentista o en encontrar una sinecura en la retaguardia».

Los soldados estaban cada vez más cansados de la guerra. Era el campo de reclutamiento de los bolcheviques y otros grupos radicales. Por tradición, siempre se había contado con una gran

El zar Nicolás II inspecciona las tropas que se preparan para la ofensiva de Brusílov, verano de 1916.

guarnición de tropas en Petrogrado, principalmente por si se necesitaban para sofocar posibles revueltas. A los generales de alto rango les preocupaba que ahora hubiera demasiados soldados hacinados en la ciudad, más de un cuarto de millón. «Es poner leña al lado de un barril de pólvora», dijo un general, que señaló que cuatro mil hombres del regimiento Preobrazhenski, uno de los más prestigiosos, estaban metidos con calzador en barracones construidos para mil doscientos soldados. «Si Dios no perdona a Rusia una revolución [...] la iniciará el ejército».

Las predicciones de una revolución inminente estaban en boca de todos en la *intelligentsia,* entre la clase alta rusa y los extranjeros más perspicaces. «Cada día se multiplicaban las señales de problemas y, sin embargo, no se hacía nada para impedir la inevitable crisis», confió en su diario Meriel Buchanan, la hija del embajador británico en Rusia. En enero de 1917, su padre, sir George, tuvo una audiencia con el zar, la última, tal y como resultaron las cosas. Le dijo al zar: «Si se me permite decirlo, Su Majestad solo tiene un camino seguro [...] para derribar la barrera que existe entre usted y su pueblo y recuperar su confianza». El zar replicó con frialdad: «¿Insinúa usted que yo debo recuperar la confianza del pueblo o que ellos deben recuperar la mía?».

El mariscal de campo británico sir Henry Wilson, antiguo jefe del Estado Mayor Imperial, pasó gran parte de enero y principios de febrero de 1917 en Petrogrado, Moscú y en el frente oriental como jefe de una misión aliada que estudiaba qué tipo de ayuda podían prestar a Rusia las demás potencias de la Entente. Informó a Londres de que «[aquí] prevalece la opinión de que el zar y la emperatriz son un peligro para el país y es muy probable que los asesinen». En la entrada de su diario del 16 de febrero, dice: «Parece tan cierto como que el zar y la emperatriz están a punto de caer. Todo el mundo —oficiales, comerciantes, damas— habla abiertamente de la absoluta necesidad de acabar con ellos».

La Ojrana era consciente del estado de ánimo de la opinión pública y envió repetidas advertencias a las más altas instancias del Gobierno. Un informe dirigido al ministro del Interior, Aleksandr Protopópov, en octubre de 1916, afirmaba con crudeza que no eran los grupos revolucionarios los que debían preocupar al régimen: «Es el pueblo». El agente dijo que «ahora la ira no se dirige contra el Gobierno en general, sino contra el zar». El informe comunicaba al ministro, por si no lo sabía ya, que a la zarina Alejandra se la llamaba siempre «la mujer alemana» y que los rumores sobre la relación entre ella y Rasputín —«que son extremadamente perjudiciales para el Gobierno»— eran cada día más escabrosos y escandalosos. También se decía que la zarina mantenía un romance lésbico con su dama de compañía Anna Výrubova. No importaba si las historias eran ciertas —que no lo eran—, pero circularon por todas partes, gozaron de amplia credibilidad y tuvieron un profundo efecto en el prestigio de la monarquía.

El apoyo al zar se derrumbaba. Vladímir Nabokov, padre del novelista y figura destacada del opositor Partido Democrático Constitucional *(kadetes),* un reformista moderado de ideas monárquicas tradicionales, dijo que «en este momento, estar a favor del zar era estar en contra de Rusia». El 5 de enero de 1917, la Ojrana de Petrogrado informó al Ministerio del Interior de la existencia de complots para derrocar al zar por parte de miembros de la familia real y altos cargos de centroderecha de la Duma, que argumentaban que «tenemos que salvar a la monarquía del monarca». El principal conspirador fue Aleksandr Guchkov, el industrial enormemente rico, poderoso e influyente que fundó el Partido Octubrista, al principio como leal partidario del zar Nicolás, pero que estaba exasperado por la incompetencia del soberano y la incapacidad de la corte para unir al país en favor de la guerra. Había tramado un golpe de Estado, respaldado por los jefes del ejército imperial, para derrocar al zar y sustituirlo por su hermano, el gran duque Miguel. El plan fracasó cuando Miguel no quiso tener nada que ver con él. El único complot que sí tuvo éxito fue el asesinato de Rasputín en diciembre de 1916, dirigido por el príncipe Yusúpov, fabulosamente rico y bien relacionado, antaño favorito del zar. Sin embargo, ya era demasiado tarde para salvar al monarca o a la monarquía.

A finales de enero de 1917, el jefe de la Ojrana en Petrogrado informó de lo siguiente:

> El país se encuentra en un precipicio que deja 1905 como un juego de niños. El ambiente de alarma se intensifica cada día que pasa. Penetra en todos los niveles de la población y existe la amenaza muy fuerte de grandes turbulencias, provocadas [...] por factores económicos, el hambre y la desigual distribución de los alimentos y las monstruosas subidas de precios de los artículos de primera necesidad. Hasta ahora este descontento ha tenido una base económica y no ha estado relacionado con un movimiento político. Pero solo necesita algo concreto y específico para adquirir una expresión política. Si el pan sigue escaseando, se desencadenarán los desórdenes más fuertes [...] y un sinfín de disturbios callejeros.

Otro informe de la misma época sobre la guarnición del ejército de Petrogrado advertía a los jefes del Estado Mayor Imperial de que «si se produce una revolución, contará con el apoyo de dos tercios de [...] los soldados en activo».

La *intelligentsia* se dio cuenta de que las cosas no podían seguir como hasta entonces. «Sabemos que algo se acerca», anotó Zinaida Gippius en su diario, «pero ¿será "la revolución" o alguna monstruosidad de nombre desconocido?».

5

LA REVOLUCIÓN DE FEBRERO

5

LA REVOLUCIÓN DE FEBRERO

La Revolución comenzó casi exactamente como habían advertido los principales asesores más perspicaces del zar y había predicho la Ojrana. El invierno de 1916-1917 en Rusia fue el más frío del siglo hasta entonces, y el clima fue un factor significativo y a menudo subestimado en lo que estaba a punto de suceder. Las temperaturas en Petrogrado a finales de enero y la mayor parte de febrero alcanzaron una media de quince grados bajo cero; muchos días fueron aún más fríos. Los enlaces de transporte con las ciudades, incluidos los ferrocarriles, quedaron casi paralizados y apenas llegaron cereales u otros suministros alimentarios a Petrogrado o Moscú. El alcalde de la capital informó el 19 de febrero de que la semana anterior la capital había recibido unas setenta y cinco toneladas de harina frente a las cuatrocientas veinticinco habituales, y que a los panaderos de la ciudad solo se les había permitido utilizar quince toneladas y media en lugar de las ciento treinta y cinco usuales. Miles de mujeres —sobre todo mujeres— hacían cola toda la noche para conseguir pan. Entonces, el 23 de febrero, el clima ártico cedió y las temperaturas, como señaló Gorki, alcanzaron «unos casi agradables cinco grados». Fue entonces cuando comenzó una oleada de huelgas y manifestaciones en las fábricas textiles y plantas industriales de Petrogrado, unas ciento treinta mil personas el 23, Día Internacional de la Mujer, y más de ciento ochenta mil al día siguiente. La tarde de las primeras grandes protestas callejeras, la gente ya no gritaba «Queremos pan» y «Tenemos hambre», sino que las reivindicaciones pasaron a ser «Abajo el zar», «Dadnos la paz» y «Maldita sea la mujer alemana».

Las turbas lincharon a policías —apedrearon hasta la muerte al jefe de la gendarmería de Petrogrado— y comenzaron a tomar edificios gubernamentales. «Liberaron» la fortaleza de San Pedro y San Pablo, y también a los pocos prisioneros que había en su interior, en su mayoría detenidos los días anteriores. Gran parte de la ciudad estaba en manos de los manifestantes. La policía no pudo contener a las multitudes y las tropas se negaron a disparar contra los civiles. Al segundo día de disturbios, gran parte de la ciudad estaba en manos de los manifestantes. Eso no impidió que el 25 de febrero la princesa Catalina Radziwill celebrara la velada de la que toda la sociedad de Petrogrado llevaba semanas hablando. Maurice Paléologue, el embajador francés en Rusia, escribió en su diario que el palacio de Fontanka, brillantemente iluminado, y la opulencia de la velada traían a la memoria el París de 1789.

El zar ya no estaba en la capital, ni en su residencia principal de Tsarskoe Selo, a unos treinta kilómetros al sureste de Petrogrado, sino en su cuartel de Mogilev, cerca del frente. En otro de sus desastrosos errores, dieciocho meses antes había asumido el mando personal del ejército, en contra del consejo de todos sus ministros y de su Estado Mayor Imperial. Eso significaba que cuando las cosas iban mal no podía culpar a sus comandantes de campo, sino que él mismo asumía la responsabilidad del desarrollo de la guerra. Se le había informado de las manifestaciones callejeras, pero no comprendió la gravedad de estas y creyó que bastaría con los métodos habituales ya probados contra los disturbios en la capital: la intervención de las tropas. La zarina Alejandra, cada vez más a cargo de los asuntos internos cuando Nicolás estaba en el frente, le escribió complacida diciéndole:

> Se trata de un movimiento gamberro. Los jóvenes corren y gritan que no hay pan, solo para crear expectación, junto con los obreros que impiden trabajar a los demás. Si el tiempo siguiera siendo muy frío, probablemente todos se quedarían en casa. Pero todo esto pasará y se calmará.

Decidió ignorar las advertencias más realistas que le hizo el presidente octubrista de la Duma, Mijaíl Rodzianko, en un telegrama:

> La situación es grave. En la capital anarquía. El Gobierno paralizado. El transporte de alimentos y combustible completamente desorganizado. La desafección ciudadana aumenta. En las calles hay tiroteos caóticos. Es esencial encomendar de inmediato la formación de un nuevo gobierno a una persona que goce de la confianza del país. No debe haber demora. Todo retraso es mortal.

Al no tener noticias, unas horas más tarde envió otro cable. «La situación se deteriora. Es imperativo tomar medidas inmediatas porque mañana será demasiado tarde. Ha llegado la última hora, decisiva como el destino de la Patria y la dinastía». La única reacción del zar fue echar un vistazo al telegrama y dirigirse a su ayudante principal, el conde Vladímir Fredericks, y decirle: «Ese gordo de Rodzianko ha vuelto a escribirme una sarta de tonterías. Ni siquiera me molestaré en responderle».

Nicolás exigió al general Serguéi Jabálov, comandante del distrito militar de Petrogrado, que utilizara cualquier método para dispersar a las multitudes: «Le ordeno que utilice la fuerza que sea necesaria para detener mañana los desórdenes en la capital, que son inaceptables en estos difíciles momentos de guerra con Alemania y Austria». Jabálov dijo más tarde que estaba consternado por las instrucciones del zar. Era consciente, a diferencia de Nicolás, de que las tropas se negarían a obedecer las órdenes. La Revolución estalló por los disturbios del pan, pero triunfó porque todos los regimientos de la Guardia de Petrogrado —los elegantes regimientos que durante siglos habían sido acérrimos leales a los Románov— se amotinaron. Fueron las tropas de los regimientos más famosos y supuestamente leales del ejército ruso, los Preobrazhenski, Volynski, Pávlovski y Litovski, conocidos como los pretorianos del zar, quienes decidieron su destino.

El 26 de febrero, un día y medio después de la orden del zar, el jefe de policía de Petrogrado describió las escenas de la capital en su último informe al ministro del Interior:

Manifestantes frente al Palacio de Invierno, febrero de 1917.

> A las seis de la mañana sonó el teléfono. El prefecto de la ciudad me dijo que un suboficial del regimiento Volynski de la Guardia llamado (Timofey) Kirpichnikov acababa de matar a su oficial superior [...]; el asesino había desaparecido y la actitud del regimiento era amenazadora [para otros oficiales]. Ahora veía hasta qué punto la anarquía se había extendido e infectado el cuartel. Poco después, el prefecto volvió a llamar con más malas noticias. El general de brigada Dobrovski, comandante de un batallón de zapadores de la Guardia, había muerto a manos de sus hombres. Los acontecimientos se precipitaron. Las tropas Volynski [...] echaron a casi todos sus oficiales de los cuarteles. Estos amotinados se unieron al regimiento Preobrazhenski, cuyos cuarteles estaban cerca de los suyos. Consiguieron capturar el arsenal del puente Liteini. Los soldados corrían por las calles armados con fusiles. Una multitud enfurecida invadió la Prisión de Reclusión Preliminar y abrió las celdas. Pronto ocurrió lo mismo en todas las prisiones de la ciudad. Las comisarías fueron tomadas por la turba. Los policías que no pudieron cambiarse a *mufti* acabaron despedazados. Los incendios terminaron con el resto.*

Tropas amotinadas y grupos de trabajadores a los que los soldados habían entregado armas recorrían las calles atacando a cualquier figura de autoridad que encontraban. A menudo se ha dicho que la Revolución de Febrero fue un levantamiento por lo general pacífico. Se trata de un mito que ha ganado autoridad en gran medida porque fue genuinamente popular, apoyada por la gran mayoría de la gente. Pero estuvo lejos de ser pacífica. En febrero murieron muchas más personas de las que morirían en el

* La palabra *mufti,* en este contexto, se refiere a la ropa de civil, sencilla y de diario, sobre todo cuando la lleva alguien que por regla general viste uniforme. La palabra tiene su origen en el árabe *mufti* (مفتي), que significa erudito islámico. Se utiliza en el ejército británico desde 1816 y se cree que deriva de las batas y gorros con borlas de estilo vagamente oriental que llevaban los oficiales fuera de servicio a principios del siglo XIX. Es posible que la palabra con ese significado pasara del ejército británico a la clase alta rusa y a los militares para referirse a la ropa de civil. *(N. del E.)*

golpe bolchevique de octubre: 1433 en Petrogrado y unas 3000 en Moscú, donde bandas armadas recorrieron las calles durante varios días. En comparación, el golpe de octubre fue casi incruento.

—★—

Tras ordenar a las tropas que reprimieran las manifestaciones, el zar suspendió la Duma. Una vez más, su instinto cuando se encontraba en apuros era prohibir la política. Pero esta vez los políticos de la Duma se negaron a irse sin más y cuando a la mañana siguiente los miembros, como de costumbre, entraron en el Palacio de Táuride, construido por el favorito de Catalina la Grande, el príncipe Potemkin, no había nadie para hacer cumplir la voluntad del monarca. Sin gobierno, con anarquía en las calles, el ejército amotinado y las turbas por toda la ciudad gritando «Muerte al zar», llenaron el vacío de poder —o lo intentaron— con un «Comité Provisional de la Duma Estatal». En primer lugar, la Duma estableció un gobierno provisional dirigido por un anciano liberal, el príncipe Gueorgui Lvov, que rápidamente formó una coalición de demócratas constitucionales de centroderecha (los *kadetes),* octubristas, y otros liberales y socialistas moderados, que estarían al mando hasta las elecciones a una Asamblea Constituyente que prometieron para tan pronto como fuera posible.

En segundo lugar, había que decidir qué hacer con el zar. Acordaron por unanimidad que Nicolás debía abandonar el trono, pero los monárquicos querían que abdicara en favor de su hijo adolescente, Alekséi, para conservar una monarquía constitucional. Los liberales y los izquierdistas los pusieron en contra de los Románov y de la idea de la monarquía: «No solo es inaceptable, sino también utópico, dado el odio general a la monarquía entre la masa del pueblo», argumentó el nuevo ministro de Justicia, Aleksandr Kérenski. Acordaron que obligarían al zar a abdicar en favor de su hermano el archiduque Miguel, quien les dio su palabra de que al día siguiente acabaría con la pretensión al trono de los Románov.

La milicia popular, establecida a toda prisa para proteger los logros alcanzados por la Revolución de Febrero, que forzó la abdicación del zar. Esta imagen forma parte de una extraordinaria colección tomada por el fotógrafo socialista Yákov Steinberg.

Si bien fueron las bases del ejército las que tomaron el control de las calles de Petrogrado y Moscú, quienes obligaron al zar a abdicar fueron los altos mandos, en particular su jefe del Estado Mayor, el general Mijaíl Alexéiev, que retiró el apoyo del ejército a la Corona, respaldado por casi todo el Estado Mayor. El monarca se quedó sin apoyo significativo en ninguna parte.

La dignidad de su partida y su porte caballeroso no deben ocultar lo desesperado que había sido Nicolás II como gobernante, y en qué terrible estado dejaba a su país. La Duma había enviado a dos políticos de derechas, Aleksandr Guchkov y Vasili Shulgin, para obtener la proclama de abdicación. El zar regresaba a Petrogrado desde su cuartel en el vagón imperial. Se reunieron con él en una estación remota cerca de Pskov a las 21.45 del 1 de marzo. El zar «estaba absolutamente tranquilo, casi impenetrable», recordó Guchkov. «Incluso me pregunté si estábamos tratando con una persona normal. Uno podría permitirse alguna muestra de emoción dada la ocasión, pero nada de eso». Unas pocas palabras se esbozaron en una hoja. «Entregamos la sucesión a nuestro querido hermano el gran duque Miguel Aleksándrovich y lo bendecimos en su relevo». Fredericks colocó el documento sobre el escritorio real. «Luego, inclinando la cabeza unos instantes, mojó la pluma y [...] por última vez estampó su firma como zar de todas las Rusias en el escrito de abdicación». Fredericks dijo poco después que el extraordinario acontecimiento fue tan natural «como si estuviera entregando el mando de un regimiento de caballería». Fiel a su palabra, el gran duque Miguel renunció al trono tras menos de doce horas como zar.

—★—

Los grupos de izquierda no habían desempeñado apenas ningún papel en la Revolución, como reconoció Serguéi Mtislavski, uno de los principales activistas socialistas revolucionarios de Petrogrado. «Los del PSR estábamos profundamente dormidos, como las vírgenes necias del Evangelio», admitió más tarde. «La verdad del asunto es que, fuera de las pequeñas facciones de los revolucionarios [...] revolviéndonos en nuestros propios jugos, los partidos socialistas estaban en la más completa bancarrota». Los bolcheviques se habían unido a regañadientes a las manifestaciones callejeras, pero no las habían dirigido. «No creíamos que esto fuera a ser una revolución, así que nos sumamos a las protestas con el corazón encogido, pensando que serían brutalmente reprimidas por el zar», dijo Vladímir Kayurov, uno de los líderes del Partido en la clandestinidad en Rusia.

La Revolución había sido muy espontánea, un desbordamiento de ira, un ejemplo clásico de revuelta popular contra un régimen incompetente y en caída libre. La policía secreta del zar había derrotado a los bolcheviques y a otros grupos revolucionarios, pero se había olvidado del pueblo. El periodista británico Arthur Ransome comenzó su artículo del 3 de marzo para el *Daily News*: «Que no haya equívocos [...]. Esta no fue una revolución organizada. Será imposible hacer una estatua en memoria de su organizador, a menos que esa estatua represente a un simple soldado campesino ruso».

—★—

Durante los primeros días parecía como si «hubiera ocurrido un milagro y pudiéramos esperar más», como escribió el poeta Aleksandr Blok a su madre. «Tengo la extraordinaria sensación de que nada está prohibido, de que puede ocurrir cualquier cosa». Después de trescientos años en el poder absoluto, la dinastía Románov se había derrumbado en cuestión de días, dijo, «como un choque de trenes en la noche, como un puente que se desmorona bajo tus pies, como una casa que se cae». Personas de todos los estratos de la sociedad celebraron el alzamiento como el nacimiento de una nueva era. Incluso un conservador moderado como Nabokov pensó que «había ocurrido algo grande y sagrado, que el pueblo se había liberado de sus cadenas, que el despotismo se había derrumbado». Junto con el barón Nolde, Nabokov había redactado la declaración del gran duque Miguel renunciando al trono. Al principio tenía grandes esperanzas en el gobierno provisional y creía que las reformas y una democracia para Rusia estaban al alcance de la mano.

Las primeras medidas del nuevo Gobierno fueron enormemente populares. Se prometieron elecciones libres y justas basadas en el sufragio universal para hombres y mujeres; se introdujo la libertad de prensa y se abolió la censura; se legalizó los sindicatos y se introdujo la jornada máxima de diez horas para los trabajadores de las fábricas; se prometieron amplias reformas agrarias. Por primera vez en la historia rusa, los judíos y todas las religiones obtuvieron la igualdad jurídica. De la noche a la mañana, la Revolución había instaurado libertades políticas nunca antes conocidas en Rusia, y casi nunca desde entonces. La gente podía decir, escribir y leer lo que quisiera, algo que no podrían hacer un año después, ni sus tataranietos cien años más tarde.

En cuestión de días, empezaron a aparecer en las calles de Petrogrado, Moscú y otras ciudades decenas de periódicos que representaban todas las tendencias de opinión. Había un hambre de política totalmente desconocida. En la primavera de 1917 se acuñó una nueva palabra: *mittingovanie,* que significa 'asistir a reuniones políticas'. «Día y noche, en todo el país, se celebraba una reunión continua y desordenada desde febrero hasta el otoño», observó el escritor Konstantín Paustovski, que también había visto la vida en el frente y sabía cómo se politizaba a los soldados. En Petrogrado, las semanas que siguieron a la Revolución de Febrero fueron «un festival de liberación», escribió un reportero extranjero.

> No se puede comprar un sombrero o un paquete de cigarrillos sin que te inciten a una discusión política [...]. Los criados y porteros de las casas piden consejo sobre a qué partido votar en las elecciones locales para el sóviet. Todas las paredes están rotuladas con avisos de reuniones, conferencias [...] y anuncios, no solo en ruso, sino en polaco, lituano, yidis [...]. Dos hombres discuten en una esquina y al instante uno se ve rodeado por una multitud excitada. Incluso en los conciertos ahora la música se diluye con discursos políticos de oradores conocidos. La avenida Nevski se ha convertido en una especie de Barrio Latino. Los vendedores ambulantes de libros se alinean en las aceras.*

* Albert Rhys Williams, *Through the Russian Revolution* (Liveright, New York, 1921).

John Reed, autor de uno de los primeros y —a pesar de su parcialidad a favor de los bolcheviques— todavía uno de los libros más vívidos y apasionantes sobre la Revolución rusa, dijo simplemente que durante meses «en Petrogrado cada esquina era una tribuna pública».

Pero junto con esas libertades llegaron la anarquía, la violencia y el colapso de la ley y el orden que el Gobierno fue incapaz de impedir. Justo después de la Revolución, se desató un júbilo salvaje por la caída de la monarquía Románov. Se derribaron estatuas de zares históricos y se destruyeron emblemas imperiales como el águila bicéfala, en medio de una serie de celebraciones espontáneas en todo el país. Fueron especialmente alegres en el Imperio fuera de Rusia, desde Varsovia hasta Tiflis, donde mucha gente esperaba que la Revolución condujera pronto a la independencia nacional. La causa de la república gozaba de una abrumadora popularidad en todas partes. Los folletos antimonárquicos, escabrosos y casi pornográficos, con títulos como *Los secretos de los Románov, Las orgías nocturnas de Rasputín* o *Las malvadas mentiras de la mujer alemana* se convirtieron en éxitos de ventas fulminantes. Todas las instituciones del antiguo régimen se vieron atacadas. La celebración, sin embargo, pronto dio paso a algo más oscuro: una sed de venganza que los bolcheviques se apresuraron a explotar, pero que otros socialistas estaban convencidos de que destruiría los ideales por los que habían luchado durante muchas décadas.

Gorki había apoyado la insurrección de 1905 y el derrocamiento del zar, pero detestaba la despreocupada «destrucción de la plebe [...]; una ola anárquica de violencia plebeya y venganza [ha] llevado al país a una nueva era oscura de caos bárbaro», dijo. Otros intelectuales se mostraron consternados por el hecho de que no solo se estuvieran aniquilando los símbolos del antiguo orden, sino todos los vestigios de la civilización rusa del pasado: monumentos nacionales, edificios antiguos, bibliotecas, obras de arte. «Esta es la lucha de la cultura contra la anarquía», dijo Gorki en un artículo pesimista en su periódico, *Novaya Zhizn* ('Nueva Vida').

No todos estaban de acuerdo. Aleksandr Blok creía que la violencia sería «purificadora», una forma catártica pero necesaria de curar heridas seculares. Trotski veía los ánimos violentos como previsibles, comprensibles y justificables:

> En aquella anarquía desenfrenada, incluso en sus manifestaciones más negativas, cuando el soldado, el esclavo de ayer, se encontró de repente en un vagón de ferrocarril de primera clase y arrancó los revestimientos de terciopelo para hacerse paños para los pies, incluso en tal acto de vandalismo se expresó el despertar de la personalidad. Aquel campesino ruso oprimido y perseguido, golpeado en la cara y sometido a las más viles maldiciones, se encontró, quizá por primera vez en su vida, en un vagón de primera clase y vio los cojines de terciopelo, mientras que en los pies tenía harapos apestosos, y rompió el terciopelo, diciendo que él también tenía derecho a un trozo de buena seda o raso.

—★—

A pesar de todas las esperanzas de gente como Nabokov, la desilusión no tardó en llegar, junto con la comprensión de que los sistemas políticos estadounidense o británico no podían establecerse en Rusia de inmediato, en tiempos de guerra. Muchas personas, como Zinaida Gippius, utilizaron la misma frase o parecida para describir los ocho meses del gobierno provisional en sus diarios: «una agonía sin fin».

Desde el principio, hubo una debilidad fatal en el acuerdo político inmediatamente posterior a la Revolución de Febrero. A menudo se ha dicho que el mayor problema fue que se establecieron dos sedes de poder rivales, lo cual era una receta para el caos. Primero, la Duma estableció el gobierno provisional bajo la figura moderada del anciano príncipe Lvov, el rostro decente, aristocrático y caballeroso de la oposición al zar durante una generación. Pero el primer día el Gobierno reconoció al sóviet de diputados de los soldados, obreros y campesinos como interlocutor y aceptó que todas las medidas del Gobierno debía aprobarlas el sóviet antes de ponerlas en vigor.

Los sóviets eran representantes elegidos apresuradamente en fábricas, regimientos del ejército y comunas de tierra, nombrados a los pocos días de la Revolución en ciudades, pueblos y aldeas de toda Rusia. Se formaron decenas de ellos entre trabajadores de todo tipo, desde mineros hasta mayordomos, pasando por obreros textiles, relojeros y camareros. No eran democráticos en el sentido moderno; por lo general no eran elegidos por sufragio secreto. Pero hasta cierto punto eran representativos. Es fácil burlarse de los primeros sóviets, que eran ejemplos más abiertos de democracia que cualquier cosa que hubiera existido antes en Rusia, o que haya existido después. Surgieron de la idea de que, por fin, la gente podía discutir las cosas y opinar sobre su vida y su trabajo libre de los oídos y el control de la Ojrana. En todos los ámbitos de la vida se formaron sóviets donde la gente podía debatir. Hubo incluso uno entre los pasajeros del ferrocarril transiberiano, donde cada vagón elegía un consejo. No era ideológico, y al principio la mayoría de los sóviets no eran políticos. En un viaje de diez días, el tren tenía que recoger grandes cantidades de alimentos y agua, y había que distribuirlos equitativamente, por lo que los consejos debían asegurarse de que cada vagón tuviera su parte justa de suministros.

Los sóviets no eran menos democráticos que la Duma, que nombraba al gobierno de coalición; se trataba de un supuesto parlamento amañado por el zar para apoyar a la Corona y basado en un electorado minúsculo de propietarios. El sóviet y el gobierno provisional se enfrentaron con frecuencia durante los meses siguientes y ambos trataron de reivindicar una falsa legitimidad. A menudo se ha dicho, con ligereza, que el gobierno provisional tenía poder sin autoridad y que los sóviets tenían autoridad sin poder. Pero, en realidad, ninguno de los dos tenía ni poder ni autoridad y un hábil estratega como Lenin fue capaz de exponer esta debilidad una y otra vez durante los meses siguientes para hacer inviable el sistema. Tanto el sóviet de Petrogrado como la Duma tenían su sede en el enorme Palacio de Táuride: el sóviet en el lado izquierdo y la Duma, enfrente.

El sóviet parecía cualquier cosa menos una cámara parlamentaria tradicional. «El que quiere se levanta y dice lo que le da la gana», dijo un miembro al cabo de un par de semanas de trabajo.

> Al principio [...] los diputados estaban sentados en sillas y bancos [...] y mesas. En la sala había gente de todo tipo, lo que creaba confusión y desorden. Luego la multitud de personas de pie se hizo tan densa que era difícil moverse por la sala. Unas horas más tarde, las sillas habían desaparecido por completo [...] y la gente, empapada de sudor, permanecía apretujada. Al día siguiente, o al otro, las mesas también habían desaparecido, excepto la del presidente, y la Asamblea parecía una reunión de masas [...]. No había tiempo para reflexionar, todo se hacía deprisa, tras muchas noches sin dormir, en medio de la confusión. Todo el mundo estaba físicamente agotado. No se dormía. Las reuniones eran interminables. Faltaban alimentos adecuados; la gente vivía a base de pan y té.

La Duma también era un frenopático: «Los miembros estaban motivados por una única cosa: su miedo a las masas, ¿y quién podía culparlos?». En particular, temían a los soldados, cuyo motín había derribado al zar y cuya ira podía volverse contra ellos. Al principio, los *kadetes* y los octubristas formaban la mayoría de la nueva administración. Se habían beneficiado de la Revolución, aunque habían participado poco en ella, y lo sabían. Solo podían operar con la aceptación de la izquierda. Era una relación incómoda: «La Revolución se hizo en las calles, el Gobierno en los salones», como señaló Nikolái Sujanov, un agudo periodista menchevique.

6

LA AGONÍA DEL GOBIERNO DE KÉRENSKI

6

LA AGONÍA DEL GOBIERNO DE KÉRENSKI

Para la pura incompetencia política y la ineptitud bienintencionada, la historia tiene pocos ejemplos más sorprendentes que el interregno entre la caída del zar y el golpe bolchevique de octubre. El príncipe Lvov era un liberal decente y con buenas intenciones, de cincuenta y seis años, pero totalmente desfasado en los tiempos revolucionarios de 1917. Era un rico terrateniente de la vieja nobleza, con una larga experiencia en el movimiento *zemstvo* de gobierno local establecido a finales del siglo anterior. Había contribuido a financiar cientos de hospitales, escuelas y colegios agrícolas para campesinos y había llevado a cabo innumerables buenas obras. Tras la emancipación de los siervos, Lvov concedió a los campesinos de sus fincas muchas más tierras que el mínimo legal, más generosamente que casi cualquier otro terrateniente del país. Era un hombre amable, pero, según Nabokov, uno de sus ayudantes más cercanos, «la encarnación misma de la pasividad». A uno de sus aliados, Aleksandr Bublikov, una poderosa figura de la Duma, le caía bien —como a casi todo el mundo— pero le exasperaba la «permanente mirada de consternación [...] de Lvov, que era el vivo símbolo de la impotencia del Gobierno».

Lvov se vio eclipsado del todo por un hombre más joven y carismático que lo sustituyó como primer ministro a principios de verano y que llegó a ser identificado con todo lo que iba mal en el gobierno provisional: Aleksandr Kérenski. De treinta y seis años, pero con un aspecto mucho más joven, su rostro estaba mortalmente pálido, casi cetrino, y poseía un «porte nervioso y febril,

Aleksandr Kérenski, figura principal del gobierno provisional que tomó el poder en febrero de 1917. Destituido por los bolcheviques en octubre, Kérenski huyó de Rusia y pasó el resto de su larga vida en el exilio.

frágil en su apariencia, con una intensidad frenética que le hacía parecer siempre dolorido».* Era un manojo de nervios y tendía a mover sus miembros con espasmos en enérgicos arranques. Su nombre en clave que figuraba en el expediente de la Ojrana era *Скорый* (latinizado *Skory*, que significa 'veloz').

Se licenció en Derecho en la Universidad de San Petersburgo y, como tantos otros estudiantes, se involucró en la política radical. Pero nunca se dejó seducir por el marxismo —decía que odiaba «su austera integridad y su lógica ordenada, tomada del extranjero»— ni por el terrorismo revolucionario. Se unió al grupo de los obreros moderados, los Trudoviki, y solo más tarde, cuando estalló la guerra, al Partido Social-Revolucionario.

Estuvo encarcelado cuatro meses en la prisión de Kresty durante la Revolución de 1905, donde su salud se deterioró. Tras su liberación se convirtió en abogado de oficio en una serie de casos políticos de gran repercusión. Adquirió renombre por sus dramáticas peticiones de clemencia contra las penas capitales. Salió elegido miembro de la Duma en 1912 y no tardó en hacerse célebre por sus discursos teatrales, muy emotivos, que «lo dejaban agotado [...]; todo su cuerpo temblaba, el sudor corría por sus mejillas pálidas». Las tribunas lo admiraban, aunque no tanto los miembros más tradicionales de la Duma. Al principio de su vida quiso ser actor, hasta que lo convencieron para que se dedicara a una profesión más estable. Sus discursos, sobre todo durante la guerra, cuando tenía un notable don para arengar a las tropas, eran grandes escenificaciones, ocasionalmente acompañadas de desmayos, tanto por parte del orador como de los espectadores. Según Gorki, así eran los discursos de Kérenski:

> Parecía el paso de un ciclón. Las multitudes se congregaban durante horas para vislumbrarlo. Su camino estaba cubierto de flores por todas partes. Los soldados corrían durante kilómetros tras su automóvil, intentando estrechar su mano o besar el dobladillo de su traje. En sus reuniones en grandes salones [...] las audiencias se exaltaban en paroxismos de entusiasmo y

* Nikolái Sujanov, *The Russian Revolution 1917: A Personal Record* (Princeton University Press, Princeton, NJ, 1982).

> adoración. Después de un discurso, el estrado donde había aparecido se llenaba de relojes, anillos, pulseras, medallas militares y billetes, ofrecidos por sus admiradores por la causa común.

Pero Kérenski no era todo espectáculo. También podía ser valiente. Denunciaba el antisemitismo allí donde lo veía, ya fuera en los círculos de la corte o entre los rangos inferiores del ejército. Una vez fue a Kuzhi (ahora Kuziai, en Lituania), una pequeña ciudad cercana al frente, donde se estaba linchando a los judíos por supuestamente ayudar a las tropas alemanas, y suplicó a los soldados y a los militares locales que pusieran fin a sus acciones «bárbaras y contraproducentes». Su intervención evitó un pogromo mucho más sangriento.

Kérenski fue el único socialista declarado del primer gobierno provisional y el único que fue miembro tanto de la Duma como del sóviet de Petrogrado. No obstante, era un socialista solo de nombre, más bien, como dijo uno de sus amigos, «un perpetuo estudiante radical».* Nunca se aventuró a salir a la calle durante la corta vida del gobierno provisional. Se escabulló entre las alas derecha e izquierda del vasto Palacio de Táuride tratando de resultar útil, o al menos plausible, para ambas. En la Duma siempre llevaba un chaqué planchado a la perfección, con camisa de vestir y cuello almidonado. Cuando pronunciaba encendidos discursos en el sóviet se arrancaba el cuello y se quitaba el abrigo para parecer más proletario. No era un revolucionario, sino, como dijo Trotski, «un hombre que simplemente rondaba la revolución».

Después de febrero de 1917 se presentó como «el líder indiscutible del pueblo» y durante un tiempo su popularidad fue enorme. Era el favorito de la *intelligentsia* liberal y también de los sectores del ejército que querían continuar la guerra. Estaba convencido de su propia grandeza, y convenció también a algunos otros. Zinaida Gippius escribió en su diario en abril: «Solo hay un nombre que une a todo el mundo, y es [...] Kérenski. Lo queríamos. Había algo vivo, algo de pájaro y de niño en él. Es el hombre adecuado en el lugar adecuado». La poetisa Marina Tsvetáyeva fue más allá y lo comparó con Napoleón:

* León Trotski, *Historia de la Revolución rusa* (Txalaparta, Navarra, 2017).

Y alguien, cayendo sobre el mapa,
no se duerme en sus sueños.
Llegó un Bonaparte
a mi país.*

—★—

Cuando Lenin llegó a la estación de Finlandia en Petrogrado el 3 de abril, se lo consideraba tan extremista y fuera de la corriente política dominante que el Gobierno no estaba preocupado por él ni por sus bolcheviques y los trataba como si no fueran una amenaza real. Ese fue el primer gran error de Kérenski.

Lenin y sus lugartenientes más cercanos llevaban una década o más exiliados en Suiza. Desesperados por regresar a Rusia tras la Revolución de Febrero, la única forma práctica que tenían de hacerlo era buscar la ayuda de Alemania; de ahí las negociaciones con el alto mando alemán para organizar el famoso viaje del «tren sellado» a través de territorio enemigo y Escandinavia hasta Petrogrado. Los alemanes consideraron que se trataba de una estrategia totalmente razonable: si podían ayudar a provocar el suficiente caos político en Rusia como para dejar a un enemigo fuera de la guerra, estarían luchando en un solo frente, no en dos. Podrían transferir tropas del este para apuntalar su posición en el frente occidental.

Era un dilema más peliagudo para Lenin, que podía considerarse un traidor por pactar cualquier alianza con los alemanes. No tenía ningún reparo moral en hacer un trato con ellos, pero sabía que debía ser poco sincero, mantener los detalles en secreto y cubrir sus huellas con mucho cuidado. Nunca sintió que tuviera que justificar sus acciones. Para él, aceptar la ayuda de los alemanes —y como quedó claro más tarde, también grandes cantidades de su dinero— era totalmente racional y razonable. Podría haber argumentado, como hizo Winston Churchill veinticinco años más tarde, tras aliarse con Stalin, que «si el diablo luchara contra

* La versión original en inglés, dice: *And someone, falling on the map, / Does not sleep in his dreams. / There came a Bonaparte / In my country. (N. del T.)*

Hitler, yo estaría del lado del diablo». A esas alturas de su vida, Lenin ya había dejado de pensar en términos éticos convencionales y habría considerado lícito aceptar la ayuda de cualquiera si con ello se avanzaba hacia la Revolución socialista, primero en Rusia y luego en todo el mundo. Pero la cuestión de si Lenin y los bolcheviques eran «agentes» de los alemanes se convertiría en un tema importante en Rusia más tarde, durante el verano, y ha traído de cabeza a los historiadores desde el colapso de la URSS. Eruditos rusos y occidentales han escrito libros enteros especulando sobre si toda la Revolución no fue un complot alemán, argumentando con lógica enrevesada que de alguna manera esto la deslegitimaba aún más.

Los británicos conocían las negociaciones del líder bolchevique antes de que se acordara el trato del tren sellado y el gobierno de Lloyd George contempló la posibilidad de contrarrestar a los alemanes sobornando a Lenin para que hiciera campaña a favor de la permanencia de Rusia en la guerra. Claramente, juzgaron mal al líder bolchevique y malinterpretaron su juego. No tardaron en desechar la idea.

Desde su regreso a Rusia, Lenin trazó una línea política directa: no debía haber ningún compromiso con otros grupos socialistas; el gobierno provisional era ilegítimo; los bolcheviques no harían ningún trato con él ni con ninguno de sus partidarios de la izquierda. Exigió el fin de la guerra y «el comienzo inmediato de la construcción de un Estado socialista». Durante los meses siguientes sería más extremista, izquierdista e intransigente que nadie. La mayoría de los dirigentes bolcheviques consideraban que estaba equivocado y que había perdido toda credibilidad; algunos pensaban que se había vuelto loco. Pero táctica y estratégicamente, para hacerse con el poder, estaba en lo cierto y demostró su extraordinaria habilidad como líder durante los seis meses siguientes en la forma en que arrastró a sus bolcheviques con él. En un momento revolucionario, el centro se comprime, como Lenin argumentaba a menudo, lo que deja espacio para que los de los extremos salgan triunfantes. Eso es lo que ocurrió en Rusia en 1917. Mientras el gobierno provisional vacilaba y sus diversos partidarios de la izquierda se volvían cada vez más impopulares, el apoyo a los bolcheviques entre los trabajadores y los soldados crecía de forma gradual. Los bolcheviques tenían un mensaje claro y fácil de entender que repetían incesantemente exigiendo, en una frase sencilla, «Paz, tierra y pan».

Lenin adoptó un estilo populista «moderno» de hacer política que sería reconocible —e imitado por muchos agitadores— cien años después, incluso en democracias sofisticadas y consolidadas. Ofrecía soluciones sencillas a problemas complejos. Nunca fue un orador chispeante, como lo fueron Kérenski y Trotski a su manera. No solía ser un comunicador carismático. Pero era brillante a la hora de presentar un caso en un lenguaje directo y sencillo que cualquiera pudiera entender y de explicar cómo se podría cambiar el mundo si la gente lo escuchara a él y a sus bolcheviques. ¿La injusticia económica y la servidumbre habían frenado a Rusia durante siglos? Su respuesta era simple: «Lo único que debe hacer el pueblo es expropiar a un millar de peces gordos de la banca y la industria [...] y acabar con la resistencia de unas docenas de millonarios», dijo. ¿El pueblo tenía hambre de tierra? Simple: «Los campesinos deben arrebatar las fincas a sus antiguos amos terratenientes. Ahora deben ser ellos los amos». ¿Los obreros no sabían cómo dirigir las industrias? Lenin tenía una solución: «Arrestad a unos cuantos capitalistas, mantenedlos en las mismas condiciones en las que ahora vive Nicolás Románov, y os revelarán todas las claves y secretos de su enriquecimiento». Lenin sabía que un Estado revolucionario necesitaría expertos en diversos campos para seguir funcionando. Pero sostenía que la gente había escuchado demasiado a los expertos. «Cualquier obrero dominará cualquier ministerio en pocos días; no se necesita ninguna habilidad especial».

Con un cinismo descarado prometía a la gente de todo, y cualquier cosa. Prometió tierras a los campesinos. No creía en entregar las fincas a los campesinos; quería nacionalizar la tierra en la que los campesinos trabajarían en grandes granjas colectivas de propiedad estatal. Decía que los obreros debían dirigir sus fábricas. Pero en realidad no creía en que los trabajadores controlaran sus empresas, ni en su otra promesa de crear cooperativas gestionadas por sindicatos. Su objetivo era centralizar el control del trabajo

bajo la dirección de su Partido. Cuando el gobierno provisional retrasó las elecciones a la Asamblea Constituyente que había previsto inicialmente para principios de septiembre, Lenin lo atacó por «traicionar» la democracia. Por supuesto, él no creía en la «democracia burguesa», es decir, en elecciones libres entre partidos políticos rivales, por lo que no habría ninguna durante setenta años en el Estado que había creado. Dijo a sus lugartenientes que en su propaganda «es importante mantener las cosas simples. Debemos hablar de paz, de tierra y de pan, de estas cosas. Entonces brillaremos como un faro en la oscuridad». Mentía, él lo sabía, pero lo legitimaba sobre la misma base que legitimaba la mayoría de las cosas: el fin —la revolución socialista— justificaba los medios.

—★—

El gobierno provisional iba de crisis en crisis y siempre parecía inestable. Sobrevivió a una serie de manifestaciones callejeras a finales de abril que los bolcheviques no habían iniciado, pero que dirigieron con entusiasmo. Participaron más de ciento cincuenta mil personas en una marcha, muchas de ellas con pancartas que exigían «Abajo el Gobierno», pero nunca se salió del control policial.

Hubo cuatro coaliciones en ocho meses y medio, y siete grandes remodelaciones del gabinete, pero nada pudo restablecer la ley y el orden, mantener el control del ejército ni controlar la inflación, que creció desbocada. El Gobierno no estaba en condiciones de pedir más préstamos a Occidente; su crédito no valía nada, así que su respuesta fue imprimir más dinero. La imprenta del Tesoro en las afueras de Petrogrado apenas podía mantener el ritmo: no tenía suficientes guillotinas para cortar los pliegos de billetes de las prensas, por lo que en muchos casos eran los propios clientes de los bancos quienes debían cortar los billetes uno a uno. Los salarios medios de la industria se triplicaron en los tres meses posteriores a la abdicación de Nicolás II, pero su poder adquisitivo había caído en dos tercios.

El ejército era una masa hosca, derrotada y deprimida. Los soldados creían, con cierta justificación, que había sido su motín el que había puesto en marcha la Revolución en febrero y derribado el antiguo régimen. Los ministros del Gobierno temían correr la misma suerte. Justo después de la Revolución, las tropas hicieron una serie de demandas para llevar la «democracia» al ejército y obtener la garantía de que no se los procesaría por negarse a obedecer órdenes durante el levantamiento de febrero. El acuerdo al que llegaron otorgó a los bolcheviques una enorme influencia dentro del ejército —sobre todo en la marina— y supuso uno de los factores clave en el éxito de su golpe unos meses más tarde. La orden número uno, como se la llamó, tuvo un profundo efecto en las fuerzas armadas. Hizo que el ejército respondiera ante el sóviet de Petrogrado, no ante el gobierno provisional; las tropas y los marineros elegirían sus propios comités, que enviarían delegados al sóviet. Los soldados eran «ciudadanos» y no estaban sujetos a las leyes marciales. Los comités controlarían las armas «que en ningún caso deberán entregarse a sus oficiales superiores». Ya no tendrían que saludar a los oficiales cuando estuvieran fuera de servicio, y a estos se les prohibió golpear a los hombres, como era costumbre en el ejército zarista. Los oficiales debían dirigirse a sus hombres con el formal *vy* en lugar del *ty* reservado a niños y sirvientes. Los soldados trataban a sus oficiales como «señor general» o «señor coronel» en lugar de «Su Señoría» o «Su Excelencia».

Los bolcheviques enviaron un gran número de sargentos de reclutamiento a los cuarteles; los soldados se unían al Partido en masa. «Este es el fin del ejército», declaró el influyente político reaccionario Vasili Shulgin cuando se enteró de la orden número uno.

Pero el ejército ya estaba muerto. Más de un millón y cuarto de hombres ya habían desertado; unos diez mil al día abandonaron sus regimientos entre abril y mayo. «Toda disciplina ha desaparecido en el ejército», informó a Londres el coronel Alfred Knox, agregado militar británico en Rusia.

> A los oficiales se los insulta [...] y si se quejan son masacrados [...]. Los desertores se pasean por Rusia, llenan las estaciones, asaltan los vagones y paralizan los enlaces de transporte, tanto militar como civil. Los soldados pululan en las grandes inter-

Un comité de soldados del frente se reúne en Petrogrado. La orden número uno del sóviet de Petrogrado hizo al ejército ruso responsable ante ese órgano y otorgó a los soldados el derecho a enviar delegados al mismo.

> secciones. Llega un tren: los soldados hacen bajar a los pasajeros, ocupan sus puestos y obligan al jefe de estación a cambiar el destino del tren a donde ellos exijan.

El Gobierno había dejado de contar el número de desertores, incluso si daban con algunos de ellos. El general Vladislav Klembovski, ayudante de los jefes del Estado Mayor en el cuartel general del ejército, se preguntaba: «¿Qué podemos hacer? ¿Sentencia de muerte? No se puede ahorcar a divisiones enteras. ¿La corte marcial? Pronto la mitad del ejército estaría en Siberia. Los soldados no se asustan con la amenaza de cárcel o trabajos forzados». «Qué más da. Volveremos dentro de cinco años, pero vivos y de una pieza», dicen.

Las tropas se habían radicalizado, pero no siempre como querían los bolcheviques. El general Brusílov, que asumiría la jefatura del ejército en el verano de 1917, dijo más tarde que:

> Los soldados querían una cosa: la paz, para poder volver a casa [a sus pueblos], robar a los terratenientes y vivir libremente sin pagar impuestos ni reconocer a ninguna autoridad. Los soldados viraron hacia el bolchevismo porque creían que era su programa. No tenían la menor idea de lo que era el comunismo ni de lo que significaba la Internacional Socialista, pero se imaginaban en casa, viviendo sin leyes ni terratenientes. La «libertad» anarquista es a lo que ellos llamaban bolchevismo.

El escritor Iván Bunin pasó la primera parte de 1917 en un pueblo del Volga y escribió un brillante diario de la época. Era un antibolchevique vitriólico, pero coincidía con Lenin sobre la guerra. Los campesinos estaban sencillamente hartos del conflicto y «se dieron cuenta, como deberían haberse dado cuenta sus amos, de que la victoria era imposible [...]. El pueblo no quiere combatir. Están cansados de la guerra y no entienden por qué luchamos. La guerra no es asunto suyo. Cada día están más furiosos».

Los críticos de Lenin estaban horrorizados por su determinación de atizar el odio de clases para sus fines políticos. Pero para él, el socialismo era la guerra de clases, y la violencia que lo acompañaba era «el resultado inevitable». El caos en Rusia, decía a sus camaradas cercanos, debía acogerse con satisfacción sobre la base de que «lo que es malo para ellos, el gobierno burgués, es bueno para nosotros». Pero incluso algunos de sus admiradores se escandalizaron por el populismo burdo y alborotador del que hizo gala en la primavera y el verano de 1917, como el lema que utilizaba en la mayoría de sus discursos: «Saquead a los saqueadores». El apasionado socialista Gorki estaba desesperado. «Cada día crece mi ansiedad», escribió a su esposa el 14 de junio. «La loca política de Lenin pronto conducirá a una guerra civil».

—★—

La guerra ya estaba teniendo lugar fuera de las áreas urbanas. El mandato del gobierno provisional nunca llegó a extenderse por gran parte de la Rusia provincial, donde la ley y el orden habían desaparecido por completo. Los campesinos se apoderaron de cientos de grandes latifundios y desalojaron, maltrataron y, en muchos casos, asesinaron a sus terratenientes. Fue un proceso que comenzó mucho antes de la toma del poder por los bolcheviques, casi inmediatamente después de la Revolución de Febrero. Las «marchas sobre los señoríos» fueron espontáneas, aunque a menudo se desarrollaron de forma similar. En primer lugar, los campesinos hacían huelgas de alquiler, boicoteaban el trabajo para el terrateniente y planteaban exigencias como la venta forzosa de grano y ganado a la comuna a precios «justos». En el pasado, el terrateniente estaba protegido por el ejército, que durante siglos había sofocado los disturbios campesinos con duras medidas. Pero desde la Revolución, los soldados eran a menudo los instigadores de la violencia y en muchas partes del país la policía ya no existía. Ahora el terrateniente estaba solo.

La furia contra los propietarios de tierras había sido una tradición arraigada entre los *muzhiks*. En lo más profundo de la comuna —el *mir*—, bajo la servidumbre, existía la creencia de que la tierra no debía ser propiedad privada de la alta burguesía que nunca trabajaba en ella, sino solo de quienes araban los campos y cuidaban del ganado. «Nosotros somos vuestros, pero la tierra es nuestra», decía el refrán. La creencia aceptada era que un día el zar repartiría de nuevo la tierra y entregaría las fincas a los campesinos en una dispensación totalmente nueva. El zar se había ido y ahora, pensaban muchos, era la oportunidad de la gran redivisión de la tierra que traería la justicia para el campesinado. Desde principios del verano, sobre todo en las zonas con las mejores tierras agrícolas, los campesinos se reunían en los pueblos y votaban para confiscar los dominios de los terratenientes. Grupos de hombres —había algunas mujeres, pero en su mayoría eran hombres con armas, horcas y azadas— se dirigían al señorío, exigían ver al terrateniente y desalojaban a toda la familia, por lo general con pocas horas de preaviso.

A menudo, el proceso iba acompañado de violencia, justificada como venganza por la brutalidad del periodo de 1905-1907, cuando los soldados que actuaban en nombre de los terratenientes de la alta burguesía mataron a miles de campesinos. A principios de junio de 1917, en la elegante casa solariega de Bor-Polianshcina, cerca de Sarátov, una turba dirigida por un grupo de desertores del ejército mató a hachazos al anciano príncipe Vladímir Saburov como represalia por el papel que su hijo había desempeñado como «capitán de tierras» local en 1906, cuando doce campesinos fueron ahorcados delante de sus esposas e hijos. Tras el sangriento asesinato, quemaron la casa, que había albergado una de las mejores bibliotecas privadas de Europa.

Marcharon sobre la mansión de Tolstói en Yasnaia Poliana, a unos doscientos kilómetros al sur de Moscú, a pesar de que el gran novelista había idolatrado al campesinado ruso y siempre había hecho campaña por sus derechos. Su viuda, Sonia, anciana y medio ciega, suplicó ayuda al gobierno provisional, pero no recibió ninguna. Ella y sus hijas guardaron sus libros y cajas en una habitación y montaron guardia con un revólver y un hacha. La noche que la turba llegó a la mansión todas las luces estaban apagadas y supusieron que la casa ya había sido saqueada, así que pasaron a otra finca cercana.

A finales de mayo, una recién creada Asamblea Campesina Panrusa, un grupo autoproclamado de delegados de las asambleas agrarias locales, declaró que todas las confiscaciones de propiedades que se habían llevado a cabo hasta entonces eran legales, y que todas sus llamadas «leyes» eran legítimas. Los bolcheviques apoyaron la organización porque estaban dispuestos a prometer cualquier cosa a los campesinos para ganarse su respaldo. Pero era una farsa. La izquierda marxista tenía una mala opinión de los *muzhiks* rusos, a los que consideraba bárbaros y semifeudales. Sin embargo, por el momento aceptaron las asambleas. Como dijo el líder bolchevique en Nizhni Nóvgorod, disimulando apenas su desprecio: «El campesinado local tiene [...] la firme opinión de que todas las leyes civiles han perdido su fuerza [desde febrero] y que todas las relaciones legales deben ser reguladas ahora por organizaciones campesinas».

El príncipe Boris Viazemski se negó a aceptar el veredicto de una de estas asambleas según el cual debía entregar Lotarevo, su finca familiar en Tambov, en la fértil provincia de «Tierra Negra» del centro de Rusia, con su hermosa casa solariega, su yeguada y su hospital. Su hermano Dmitri había sido uno de los oficiales del ejército más brutales que habían ahorcado a cientos de campesinos en los disturbios de 1906, y toda la familia estaba resentida desde entonces. Cuando una turba acudió a desalojarlo con palos y garrotes en el verano de 1917, un anciano del pueblo dijo que, aunque lo respetaban como persona, querían acabar definitivamente con los Viazemski y «tomar las tierras que nos pertenecen por derecho». Los campesinos formaron un tribunal de opereta y ordenaron que lo enviaran al frente de guerra. Apenas había llegado a la estación de tren más cercana cuando otra turba de desertores del ejército y campesinos lo atravesó con bayonetas. Una vez muerto le cortaron la cabeza.

Los campesinos habían hecho su revolución antes de que los bolcheviques la deshicieran e impusieran su propia versión de lo que debía ser una revolución.

—★—

El segundo gran error del gobierno provisional —tras subestimar a los bolcheviques— fue continuar con la guerra. Lenin dijo varias veces a los camaradas del Partido en mayo y junio que lo único que realmente temía era que Kérenski «hiciera lo más sensato», tomara la política bolchevique y buscara la paz por separado con Alemania. No podía entender por qué no lo habían hecho. «Segaría la hierba bajo nuestros pies», le comentó a Trotski a principios de junio. Los aliados occidentales presionaban a Kérenski —cuyo título era ministro de la Guerra, pero que en realidad era jefe del Gobierno— para que mantuviera el esfuerzo bélico, pero como admitió uno de los diplomáticos británicos enviados a Petrogrado, los rusos estaban cansados de la guerra, insistir era inútil y, lo que es peor, contraproducente. «Los aliados estaban cegados [...] y no se dieron cuenta de lo que era posible y lo que no», escribió más tarde el agente de espionaje británico Robert Bruce Lockhart. «Se limitaban a seguirle el juego a Lenin y a alejar al gobierno de Kérenski del pueblo ruso». Fue una política lamentablemente miope, una bendición para los bolcheviques, y condujo sin remedio a un desastre militar que aceleró la segunda Revolución de 1917 y ayudó a provocar el resultado que menos deseaban: los bolcheviques en el poder y la retirada rusa de la guerra.

Kérenski pensó en llegar a un armisticio con Alemania, pero lo descartó. En su lugar, él y los principales ministros del Partido Democrático Constitucional hicieron lo contrario e intentaron mostrar a los aliados un mayor compromiso con la guerra. Persuadieron a los generales para que planificaran una ofensiva de verano, un gran empuje que expulsaría a alemanes y austriacos de Ucrania, gran parte de la cual había estado ocupada durante dos años. Antes de que comenzara, el jefe del Estado Mayor del ejército, Brusílov, advirtió a Kérenski de sus crecientes dudas. Ya se habían producido decenas de motines incluso en unidades supuestamente leales y bien entrenadas, y miles de soldados se negaban a marchar al frente. Hasta tres cuartas partes de las tropas podrían desertar, le dijo a Kérenski, «pero este no prestó la menor atención a mis palabras».

La ofensiva era una apuesta desesperada con muchas probabilidades en contra de los rusos. El 16 de junio llegó el llamado «empuje final» con un bombardeo de dos días de artillería pesada sobre las trincheras alemanas en el noroeste de Ucrania.

Dos días más tarde las tropas avanzaron y, al principio, rompieron las líneas alemanas: los periódicos patrióticos anunciaban un «triunfo de la libertad». Pero el avance se estancó al tercer día; los alemanes consiguieron reagruparse y contraatacaron. Los rusos huyeron presas del pánico. Las líneas de suministro eran escasas, y muchas unidades se quedaron sin armas ni municiones. Pero la razón principal del fracaso de la ofensiva fue que los hombres se negaron a luchar. Solo en una noche, un batallón de choque del 11.º Ejército detuvo a doce mil desertores cerca de la ciudad ucraniana de Volochisk. Hubo cientos de casos de soldados que dispararon a sus oficiales antes de huir.

Los rusos perdieron casi doscientos mil hombres, entre muertos y heridos, y millones de kilómetros cuadrados de territorio en unas pocas semanas. El barón Alekséi Budberg, de una famosa familia noble, era coronel en uno de los regimientos de primera línea y cualquier cosa menos un típico oficial reaccionario de la vieja escuela. Dijo que incluso antes de esa derrota el ejército «ya no existía como organización militar [...]. El ochenta por ciento de los soldados, oficiales y hombres, habrían estado de acuerdo con el eslogan "No a la guerra". Es terrible, como oficial, dar una orden sin ninguna confianza —a menudo sin la menor esperanza— de que se cumpla». El fracaso de la ofensiva fue un golpe fatal para el gobierno provisional y la autoridad de sus dirigentes, y un gran impulso para los bolcheviques.

7

EL BOTÍN DE GUERRA

Nosotros reinamos sobre vosotros, de Nikolái Lokhoff, un temprano cartel de propaganda socialista de la pirámide del capitalismo, pintado en 1897, pero prohibido por los censores zaristas.

Los bolcheviques fueron muy eficaces en el uso de carteles para la propaganda, a menudo obra de brillantes artistas. *El capital,* del diseñador gráfico Víctor Deni, es un ejemplo clásico.

El estallido de la Primera Guerra Mundial provocó una oleada de fervor patriótico en Rusia, al igual que en todos los países beligerantes. Esta ilustración se publicó en muchos periódicos de San Petersburgo pocos días después de la declaración de guerra del zar en 1914.

El fusilamiento de obreros cerca del Palacio de Invierno durante el Domingo Sangriento de 1905, representado en un cuadro de Iván Vladímirov (1909).

El sentimiento de rechazo a los Románov se vio avivado por los escándalos que rodeaban al favorito de la familia real, el «santón» Grigori Rasputín, a menudo descrito en la propaganda de la oposición como un «monje loco» libidinoso y corrupto.

El famoso cartel bolchevique de Dmitri Moor, *Muerte al imperialismo mundial.* Moor se convirtió en uno de los propagandistas más influyentes y conocidos de los primeros años soviéticos.

El famoso retrato de Kérenski por Isaak Brodsky, pintado en la primavera de 1917. Lleva uniforme de soldado a pesar de no haber servido nunca en el ejército.

Al principio, algunos de los más grandes artistas de la época apoyaron con entusiasmo la Revolución. *Cabeza de campesino* fue uno de los muchos carteles de propaganda que Kazimir Malévich produjo para los bolcheviques.

Octubre: Diseño de la portada de Serguéi Chejónin para un álbum de fotomontajes que cubría los primeros años del poder soviético (1921).

La noche de octubre, de Rudolf Frentz, un artista que se convirtió en *apparátchik* bolchevique tras la Revolución como director de *agitprop* (propaganda de agitación) en el Comisariado del Pueblo para la Ilustración.

Somos victoriosos, de un artista desconocido, fue el cartel de mayor difusión producido por el régimen bolchevique en el año que siguió a la Revolución de Octubre.

El cartel de Víctor Deni, *El camarada Lenin limpia la Tierra de escoria*. A partir de 1919, las imágenes del líder soviético fueron omnipresentes en Rusia, los primeros signos del fenómeno del «culto a la personalidad» que desfiguraría a tantos regímenes comunistas.

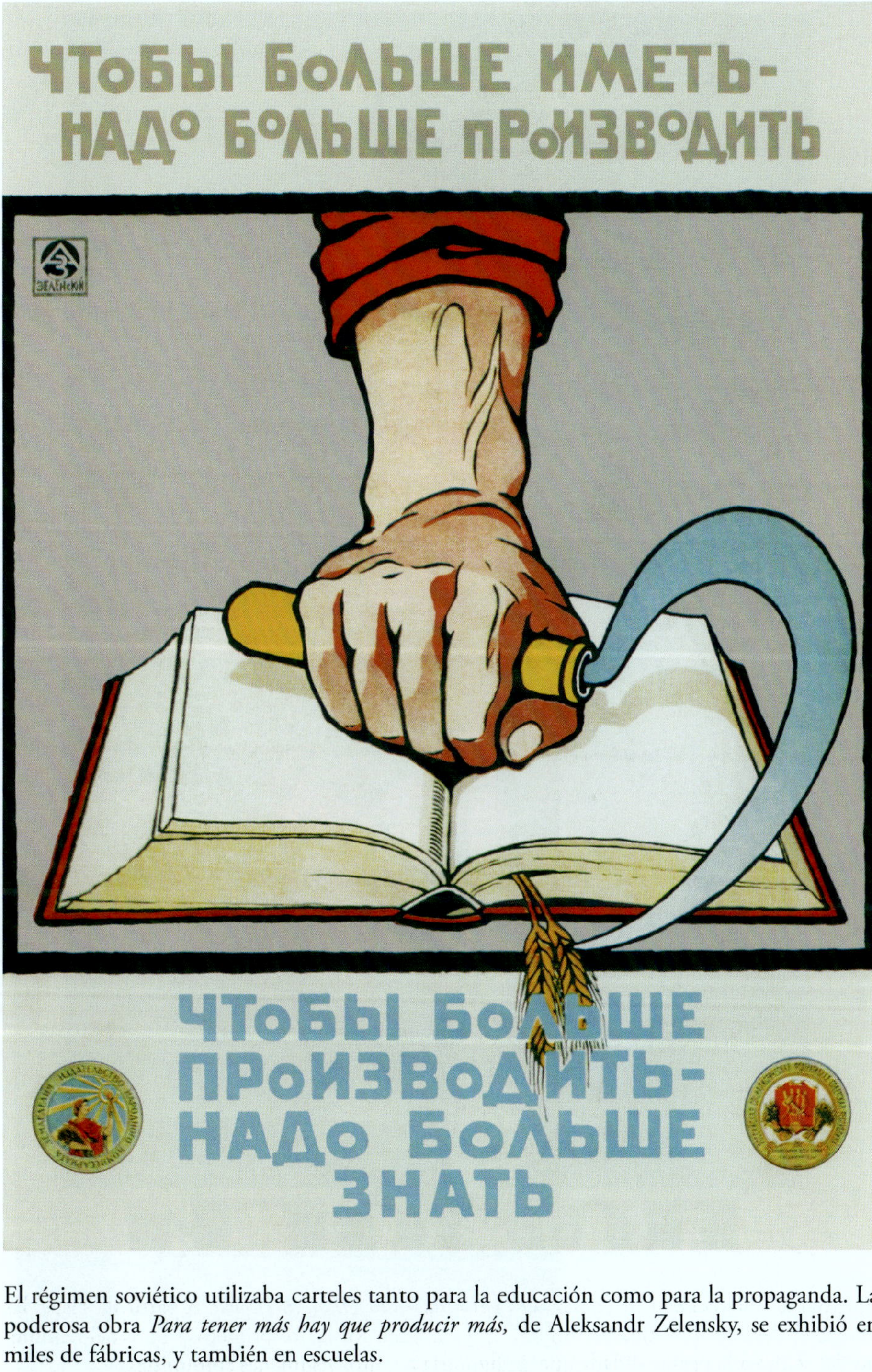

El régimen soviético utilizaba carteles tanto para la educación como para la propaganda. La poderosa obra *Para tener más hay que producir más,* de Aleksandr Zelensky, se exhibió en miles de fábricas, y también en escuelas.

Un plato de cerámica del artista Mijaíl Adamóvich, con la cabeza de Lenin. La propaganda aparecía por todas partes, incluso en la vajilla doméstica.

Paz y libertad en la Rusia soviética. Un póster producido por los blancos que representa a Trotski como un monstruo bañado en sangre.

Mujeres, ¡tomad vuestros fusiles! Los bolcheviques estaban desesperados por reclutar mujeres en el Ejército Rojo.

La última batalla. Una llamada a las armas. Un cartel producido a mediados de 1918, cuando los Rojos temían perder la Guerra Civil.

El cartel de Víctor Deni, *Los carniceros torturan Ucrania - ¡Muerte a los carniceros!,* condena las atrocidades cometidas por los blancos. Ucrania fue uno de los principales escenarios de la Guerra Civil.

El cartel de propaganda educativa más destacado de los soviéticos, el soberbio *El analfabeto es el ciego* (1921) de Alekséi Radakov.

Lenin definió el comunismo en sus últimos años como «soviets y electrificación». Esto, dice el cartel de 1923 del artista Aleksandr Samojválov, es la *Fundación del nuevo mundo.*

7

EL BOTÍN DE GUERRA

El gobierno provisional se tambaleaba, asaltado por los extremos de la izquierda y la derecha. Si tras el fracaso de la ofensiva de verano en la guerra hubiera convocado elecciones inmediatas para una Asamblea Constituyente —como se prometió tras la Revolución de Febrero—, podría haber reclamado cierta legitimidad. La votación se pospuso repetidas veces, lo que supuso un éxito propagandístico para los bolcheviques y un problema político para los demás grupos socialistas que apoyaban al Gobierno. Pero cuando Kérenski asumió oficialmente el cargo de primer ministro, aplazó las elecciones como muy pronto hasta noviembre. Durante la mayor parte de su mandato, gobernó de hecho por decreto, con un Directorio de cinco hombres compuesto por dos generales, un oscuro menchevique y el ex ministro de Finanzas Mijaíl Tereshchenko, un oligarca industrial multimillonario. Esto no era democracia, y la incapacidad del Gobierno para mantener cualquier tipo de ley y orden o para controlar la inflación empujó a un número cada vez mayor de personas a los extremos. El país se enfrentaba a la anarquía. La sensación de caos y deriva puso en su contra incluso a algunos de los principales admiradores de Kérenski de la *intelligentsia,* gente como el director de teatro Konstantín Stanislavski, la poetisa Marina Tsvetáyeva y el escritor Dmitri Merezhkovski, cuya esposa Zinaida Gippius escribió en su diario en verano: «Aún no se sabe con exactitud cuándo empezará la matanza, los cañonazos, el levantamiento y el pogromo en San Petersburgo. Pero llegará».

Kérenski no poseía ningún poder real. Su gobierno se limitaba a sobrevivir día a día. En muchos aspectos era un hombre decente, incapaz de controlar la gran oleada de acontecimientos que se desarrollaban en Rusia. Pero su verdadera debilidad era la vanidad: el aparentar poder se le subió a la cabeza. Cuando se convirtió en primer ministro, dio a entender que pretendía marginar al sóviet de Petrogrado trasladándolo al Instituto Smolny. Volvió a la sede tradicional de la administración, el Palacio de Invierno, donde empezó a vivir, ocupando el antiguo aposento de Alejandro III. Durmió en la cama del difunto zar. Mandó que le tomaran una foto detrás del inmenso escritorio de Alejandro y se la envió a sus admiradores. Hizo que la mesa de billar de Nicolás II, que había estado en una caja de embalaje desde la abdicación, volviera a colocarse en una de las salas principales. Cuando entraba y salía, se izaba y arriaba la bandera en el tejado del palacio, como se había hecho con los zares.

Mientras tanto, en la realidad, cada coalición que formaba el gobierno provisional resultaba más débil que la anterior, las colas para la comida eran cada vez más largas, la delincuencia en las calles era una epidemia. «El Gobierno se ha paralizado de arriba a abajo», escribió Sujanov, cuyo relato de primera mano sobre la Revolución sigue siendo una fuente inestimable. La inflación subía peligrosamente. El Gobierno imprimía dinero a un ritmo sin precedentes: 429 millones de billetes de rublo en abril, 729 millones en junio y 1100 millones en julio. Los precios de algunos alimentos básicos se habían cuadruplicado entre febrero y finales de julio. Más de quinientas fábricas de Petrogrado y Moscú habían cerrado y más de cien mil trabajadores habían perdido su empleo en la capital en los cinco meses posteriores a febrero. La economía casi se había paralizado.

—★—

Los bolcheviques se sintieron envalentonados por el espectacular aumento de su número de miembros y por la disponibilidad de una vasta fuente de fondos. De un máximo de unos veinte mil miembros a principios de marzo, habían alcanzado un cuarto de millón en julio, todavía muchos menos que los socialrevolucionarios y los mencheviques, pero una fuerza creciente en el ejército, sobre todo en la marina. En verano ya constituían una potencia importante en cada vez más fábricas. Más significativo aún, los bolcheviques habían establecido un próspero imperio periodístico, mucho mayor que el de cualquier otra organización política del país. *Pravda* se legalizó a finales de febrero. A mediados de abril imprimía —y vendía— ochenta y cinco mil ejemplares diarios en Petrogrado. Había ediciones provinciales del periódico y versiones para diferentes nacionalidades que aparecían en georgiano, letón, polaco, armenio y también en yidis. Se publicaron grandes ediciones dirigidas a los soldados —el *Soldatskavie Pravda* para las tropas del frente tenía una tirada diaria de setenta mil ejemplares— y una edición especial para los marineros. De repente, los bolcheviques pudieron permitirse una flamante y costosa imprenta y dispusieron de dinero para grandes reservas de papel prensa, un sistema de distribución que implicaba a un gran número de personas y encontraron periodistas competentes para producir artículos legibles, en algunos casos brillantes. En total, a principios de julio, producían cuarenta y una publicaciones con una tirada de casi trescientos cincuenta mil ejemplares diarios. Poner los periódicos en marcha tan rápidamente «fue una extraordinaria hazaña de organización», dijo Trotski, y tuvo un enorme impacto propagandístico para los bolcheviques. La gente, que antes apenas había oído hablar de ellos, ahora conocía su postura, sobre todo en la cuestión de la guerra. El dinero había procedido en gran medida, aunque no en su totalidad, de los alemanes como parte del acuerdo del «tren sellado», a través de una ruta tortuosa que implicaba a una variedad de intermediarios en un esfuerzo por ocultar su origen.

Pocos bolcheviques fuera del pequeño círculo cercano a Lenin conocían los detalles del acuerdo y no hay ningún documento que vincule directamente al Partido con ninguna transacción con los alemanes. Pasó algún tiempo tras el colapso de la Unión Soviética en 1991 antes de que salieran a la luz pruebas firmes; los comunistas enterraron las pruebas con mucho esmero durante más de setenta años. Incluso ahora los detalles son escasos. Nadie sabe con certeza cuánto dinero se envió desde Alemania a los bolcheviques entre febrero de 1917 y, al menos, marzo de 1918, pero la sugerencia de Kérenski de que equivalía a decenas de millones de dólares estadounidenses resulta imprecisa. Cualquiera que sea la cifra, fue sin duda una gran suma.

Los alemanes admitieron más tarde que apoyaron financieramente a los bolcheviques, sin decir hasta qué punto. Se felicitaron por el éxito de su estrategia cuando los bolcheviques tomaron el poder. El ministro alemán de Asuntos Exteriores, Richard von Kühlmann, casi presumía:

> Hasta que los bolcheviques no recibieron de nosotros un flujo constante de fondos a través de diversos canales y bajo diferentes etiquetas, no estuvieron en condiciones de construir su órgano, *Pravda,* de llevar a cabo una enérgica propaganda y de ampliar apreciablemente la estrecha base de su Partido [...]. Todo esto es cosa nuestra.

La gran financiación de guerra procedente de Alemania impulsó la fortuna de los bolcheviques, pero la incompetencia de sus oponentes fue un factor más importante, y Lenin se apresuró a aprovechar las oportunidades que le brindaron una y otra vez. Tras el desastre de la fallida ofensiva de verano, los bolcheviques se beneficiaron de la clara línea antibelicista que habían mantenido desde que Lenin regresó del exilio. Al principio había parecido imprudente, ya que podía parecer antipatriótica. Pero la coherencia del mensaje «resplandecía con una claridad brillante y sencilla», como admitió más tarde incluso uno de los principales críticos de los bolcheviques, el líder de los *kadetes*, Pável Miliukov, aunque era mucho más distinguido como historiador y escritor que como político.

El otro enorme impulso para los bolcheviques tuvo lugar a mediados de mayo con la llegada a Rusia de León Trotski desde su exilio en Nueva York. Estrecho colaborador durante un tiempo a finales de la década de 1890, se había separado de Lenin en el cisma del Partido entre bolcheviques y mencheviques en 1902. Los dos habían pasado la mayor parte de esos últimos quince años insultándose mutuamente en la prensa y en diversas conferencias socialistas. Sin embargo, ahora Trotski decidió unirse a los bolcheviques, calculando que, si iba a producirse una revolución socialista en Rusia, estos eran los que ofrecían el único camino plausible hacia el poder. Desde entonces hasta la muerte de Lenin, apenas hubo diferencias políticas significativas entre ellos, y durante el periodo que transcurrió hasta la Revolución de Octubre, Trotski fue la cara pública del Partido. Era mucho más conocido que Lenin dentro de Rusia y disfrutaba sobremanera de los focos: «Mientras Lenin necesitaba un despacho, Trotski necesitaba un escenario», se decía. Trotski actuaba varias noches a la semana ante salas llenas en el enorme Cirque Moderne de las afueras de Petrogrado, con capacidad para unas 3700 personas. Fascinaba y aterrorizaba a las clases medias: «La encarnación misma del revolucionario [...], su enorme frente coronada por grandes mechones de pelo negro ondulado [...], labios pesados y prominentes [...]: era todo temperamento, un artista individual», según Sujanov, que lo detestaba y admiraba a la vez. Causaba sensación. Tenía una voz penetrante, algo ronca y aguda. En su día fue un intérprete brillante: divertido, directo, imaginativo e inspirador. Un testigo ocular, un menchevique que, atraído por la curiosidad, se encontraba entre los oyentes de la primera aparición de Trotski tras su regreso del exilio, dijo más tarde:

> El ambiente era de excitación en toda la sala. El silencio del público era expectante. Sobre todo, había soldados y obreros, aunque entre la multitud había unos cuantos burgueses, hombres y mujeres. Trotski comenzó enseguida a caldear el ambiente [...]. Describió con extraordinaria fuerza el sufrimiento de los soldados en las trincheras [...]. Trotski sabía lo que hacía. El poder soviético, dijo, no solo estaba destinado a poner fin al sufrimiento de los soldados en el frente. Proporcionaría tierras y pondría fin al desorden interno. «El Gobierno soviético dará todo lo que tiene el país a los pobres y a los soldados. Vosotros, burgueses», señalaba a la gente bien vestida de los asientos más caros. «¿Poseéis dos abrigos?

> Dadle uno al soldado que se hiela en las trincheras. ¿Tenéis botas de abrigo? Quedaos en casa. Vuestras botas las necesita un obrero». Parecía que en cualquier momento la multitud estallaría espontáneamente en algún tipo de himno religioso. «Defenderemos la causa de los obreros y campesinos hasta la última gota de nuestra sangre», dijo. «¿Quién está a favor?» La multitud [...] levantó las manos al unísono. Vi las manos alzadas y los ojos ardientes de hombres, mujeres, adolescentes, obreros, soldados, campesinos. Estaban de acuerdo. Juraron. Contemplé este espectáculo de verdadera grandiosidad con el corazón inusualmente acongojado.

—★—

A pesar de toda la perspicacia táctica de Lenin y el extravagante atractivo de Trotski, y de su creciente apoyo, los bolcheviques cometieron graves errores. El más grave se conoció como las «Jornadas de Julio» (el 4 y el 5). Los bolcheviques habían convocado una serie de manifestaciones contra la guerra y el Gobierno en Petrogrado, pero se volvieron violentas y se produjeron sangrientos enfrentamientos en las calles. La ciudad estaba sumida en el caos. Kérenski, los *kadetes* e incluso algunos bolcheviques y sus simpatizantes pensaron que se estaba produciendo un intento de golpe de Estado. Sergó Ordzhonikidze, uno de los principales organizadores del Partido y en aquel momento amigo íntimo de Stalin —más tarde se convertiría en el líder de los bolcheviques en Georgia—, dijo que creía que la manifestación era «el primer intento serio de acabar con el poder del gobierno provisional». Otros no estaban tan seguros, entre ellos la mayoría de los dirigentes mencheviques y el jefe de los servicios de inteligencia del gobierno provisional, Boris Nikitin, quien admitió que se trataba más de un «desorden que de un golpe».

Incluso ahora, lo único que está claro sobre las Jornadas de Julio es que no se planeó ni organizó nada. Los historiadores revisionistas están en su mayoría de acuerdo en que fue un intento de *putsch*. Pero ningún relato en esa línea parece convincente. Para empezar, Lenin se estaba tomando unas «vacaciones» en una casa junto a un lago en un lugar remoto de Finlandia. Es muy poco probable que hubiera autorizado una insurrección sin estar en Petrogrado para supervisarla. Lenin había soñado con una revolución durante la mayor parte de su vida, no había escrito sobre otra cosa durante veinticinco años, se había convertido en un experto en «el arte» de la insurrección. Con toda seguridad, si ese debía ser el momento central de su vida, la oportunidad de tomar el poder en Rusia, no habría dejado las cosas al azar de ese modo. Parece totalmente fuera de lugar.

Por otra parte, los bolcheviques habían convocado las manifestaciones y siempre era probable que pudieran salirse de control. Era como si quisieran su parte del pastel y comérsela. Cuando comenzaron los disturbios mientras Lenin estaba «de vacaciones», los dirigentes que quedaban en Petrogrado entraron en pánico, no tenían ni idea de qué hacer y perdieron los nervios.

Algunas unidades militares —la 1.ª Brigada de Fusileros y un gran contingente de marineros de la base naval de Kronstadt— se amotinaron, prometieron lealtad a los bolcheviques y quisie-

Agitadores en la avenida Nevski, en San Petersburgo, a principios de julio de 1917, fotografiados por Víctor Bulla. La revuelta dejó decenas de muertos y se saldó con la detención de unos cincuenta activistas bolcheviques, entre ellos Trotski.

Julio de 1917. Guardias rojos entrenándose en un campo de tiro tras las Jornadas de Julio.

ron asaltar el Palacio de Táuride para derrocar al Gobierno y a la Duma. Durante unas horas del 3 de julio controlaron Petrogrado y podrían haber marchado fácilmente hacia el Táuride y el Palacio de Invierno si hubieran querido. La dirección bolchevique vaciló, no llegó a dar la orden y luego intentó —demasiado tarde— suspender las manifestaciones.

Más tarde ese mismo día, las tropas leales al Gobierno contraatacaron. Alrededor de trescientas personas —entre soldados y civiles— murieron en enfrentamientos callejeros. La ciudad estaba sumida en una confusión total. Nadie sabía quién estaba al frente del Gobierno; Kérenski estaba en Kiev tras pronunciar una serie de encendidos discursos ante las tropas en el frente de Ucrania. Soldados furiosos de ambos bandos patrullaban las calles, donde los disturbios aislados continuaron durante todo el día. Los marineros y las tropas que apoyaban a los bolcheviques no podían entender por qué los jefes del Partido no habían tomado el poder cuando parecía que estaba al alcance de la mano. Lenin regresó corriendo a Petrogrado desde Finlandia en un tren nocturno y, humillado, trató de explicarlo. Los presentes pensaron que había sido uno de los peores discursos de su vida, lleno de disculpas a medias y palabrería. No había habido ningún complot para derrocar al Gobierno. «Fue algo más que una manifestación, pero mucho menos que una insurrección», dijo, lo que convenció a muy pocos. Al día siguiente se emitió una orden de arresto contra él, acusado de traición, y la prensa se llenó de historias sobre sus tratos financieros con los alemanes. Temiendo por su vida, Lenin escapó de vuelta a Finlandia. Se encarceló a una veintena de destacados bolcheviques, entre ellos Trotski y algunos de los lugartenientes más cercanos de Lenin.

Lenin permaneció escondido los tres meses siguientes. Temía por su vida si se quedaba en Petrogrado. «Ahora es cuando nos van a fusilar», le dijo a un colaborador. «Sería el momento más ventajoso para ellos». No era paranoia, sino un juicio exacto de su valor para la Revolución que pretendía dirigir. Trotski fue claro. «Si ellos (el gobierno provisional) hubieran logrado arrestarlo, es probable que lo hubieran tratado de la misma manera que los oficiales del ejército alemán trataron a Rosa Luxemburgo», escribió más tarde.* «En ese caso, es muy probable que no hubiera habido una revolución bolchevique». Un acérrimo enemigo ideológico, el embajador estadounidense en Rusia, David R. Francis, opinaba lo mismo y había aconsejado al Gobierno en repetidas ocasiones que arrestara a Lenin. «Si el gobierno provisional [...] lo hubiera juzgado y ejecutado, Rusia no se habría visto obligada a pasar por otra Revolución, se habría ahorrado el reinado del terror y las pérdidas por hambruna y el asesinato de millones de sus hijos e hijas», escribió.

—★—

Más tarde, en verano, la campaña de odio en la prensa contra Lenin y los «bolcheviques traidores» siguió creciendo. Las caricaturas de los periódicos mostraban a Lenin en la horca (aunque una de las primeras cosas que había hecho el gobierno provisional fue abolir la pena de muerte). En la prensa era el enemigo público número uno. Pero, en realidad, la policía apenas se dedicaba a buscarlo; la mayoría de los cerca de ochocientos «subversivos» detenidos tras los disturbios de julio quedaron en libertad a las pocas semanas. Kérenski estaba mucho menos preocupado por los bolcheviques que por las amenazas de la derecha. Los *kadetes,* algunos monárquicos y los periódicos reaccionarios exigían «el fin de la anarquía» y él temía una contrarrevolución dirigida por el ejército.

Kérenski creía que la derecha planeaba un golpe para instalar como dictador al popular general Lavr Kornílov, un auténtico héroe de guerra de los primeros días de la contienda en 1914-1915 y, desde la Revolución de Febrero, comandante del Distrito Militar de Petrogrado. Existen diversas interpretaciones del llamado «caso Kornílov»; incluso ahora, muchos siguen aferrándose a la opinión mantenida por generaciones de historiadores soviéticos de que el general ambicionaba ser dictador. Pero, al igual que las Jornadas de Julio, la historia es confusa. Es muy probable que

* En Alemania, tras el levantamiento espartaquista de izquierdas de enero de 1919, la socialista revolucionaria Rosa Luxemburgo fue fusilada por paramilitares derechistas de los Freikorps y su cuerpo arrojado a un canal.

Lenin hablando en un mitin en el verano de 1917. Trotski puede verse claramente justo debajo del atril, a la derecha.

La teoría comunista de la historia. La misma imagen reproducida unos años más tarde, en la época de Stalin. Trotski fue borrado con un aerógrafo.

Kornílov nunca planeara derrocar al Gobierno, sino que quisiera obligar a Kérenski a actuar con más firmeza contra los bolcheviques y los demás grupos socialistas para eludir al sóviet, «un consejo de ratas y perros», según sus palabras. Sin embargo, Kérenski lo veía como un serio rival y a la vieja derecha como una amenaza real.

Kornílov, un enjuto cosaco de cuarenta y siete años, era políticamente ingenuo y no el más inteligente de los protagonistas del momento: «Tiene el corazón de un león, pero el cerebro de una oveja», según el general Alekséyev, su antiguo comandante del ejército. Se había rodeado de un grupo de asesores partidarios de la monarquía y de charlatanes extravagantes, que lo utilizaban en su propio juego de poder. Cuando, a mediados de agosto, Kornílov planteó una serie de exigencias políticas para endurecer a Kérenski contra la izquierda, el primer ministro aprovechó su oportunidad y tramó la caída del general. Acusó a Kornílov de organizar un intento de golpe de Estado, fabricó las pruebas para «demostrarlo» y ordenó la detención del general por traición. Contra toda sensatez, Kornílov reaccionó declarando la ley marcial y enviando tropas a Petrogrado para «apoyar al Gobierno y reforzar su determinación». ¿Fue esto un motín o un intento de echar una mano a Kérenski en su lucha contra la anarquía? Kérenski pidió ayuda a la izquierda —bolcheviques, mencheviques y socialrevolucionarios— y los bolcheviques respondieron con entusiasmo a la llamada.

El denominado «golpe» de Kornílov terminó sin que se disparara un tiro; las tropas leales encontraron al general, lo arrestaron y lo encarcelaron. No obstante, durante las siete décadas siguientes, los bolcheviques afirmaron que ellos habían sido el factor decisivo para derrotarlo. Habían enviado algunos guardias rojos para defender el Palacio de Invierno en caso necesario, pero nunca se recurrió a ellos. Bloquearon algunas carreteras. Ese fue el alcance de su acción militante. Sin embargo, el caso Kornílov se convirtió en una victoria propagandística para Lenin, que lo hiló magistralmente para que pareciera que había «detenido» una contrarrevolución y el regreso del zar. Fue otro desastre para Kérenski. Ahora estaba aislado por completo. La derecha y los liberales moderados habían perdido la confianza. Lo veían débil. La izquierda se burlaba de él. «Kérenski personificaba lo accidental», dijo Trotski. «Sus mejores discursos eran como un ostentoso golpeteo de agua en un mortero. En 1917 el agua hervía y despedía vapor, y las nubes lo envolvían en un halo».

8

«LA INSURRECCIÓN ES UN ARTE»

8

«LA INSURRECCIÓN ES UN ARTE»

A partir de mediados de septiembre, Lenin se convenció de que el momento de golpear al gobierno provisional llegaría pronto y de que, si los bolcheviques perdían su oportunidad, podría no volver a presentarse otra, quizá en años. Aún creía que Kérenski podría llegar a un acuerdo de paz con los alemanes o trasladar el Gobierno a Moscú, lo que habría hecho mucho más difícil montar una insurrección. Si él hubiera estado en la posición de Kérenski, eso es exactamente lo que habría hecho, dijo más tarde. A principios de mes, los bolcheviques obtuvieron pequeñas mayorías tanto en el sóviet de Petrogrado como en el de Moscú, «un gran avance que significará mucho», dijo Trotski. De nuevo, como en 1905, se convirtió en presidente y cara pública del sóviet de Petrogrado. A partir de entonces, la exigencia de los bolcheviques de «Todo el poder a los sóviets» se hizo más estridente.

Desde su huida a Finlandia, Lenin no había parado de moverse, por los lagos, en pequeños pueblos, y durante tres semanas en la capital, Helsingfors (ahora Helsinki), alojándose en casa de un ardiente bolchevique, que también resultó ser el jefe de policía de la ciudad. Desde sus diversos escondites finlandeses escribió una serie de cartas cada vez más desesperadas a los camaradas de Petrogrado, exigiendo la insurrección inmediata. El 12 de septiembre: «Debemos comenzar de inmediato a planificar los detalles prácticos de una segunda revolución. Las mayorías [en los sóviets] demuestran que la gente está con nosotros si prometemos inmediatamente pan, paz y tierra».

La única foto conocida de Lenin sin su característica barba, que se había afeitado para escapar a su arresto en San Petersburgo. La foto se tomó cuando huía a Finlandia, en el verano de 1917.

Al día siguiente fue más tajante:

> No hay razón para esperar a acontecimientos como el Congreso de los Sóviets [previsto para el 25 de octubre]. Esperar es una locura, porque el Congreso no hará nada. No puede hacer nada. Primero hay que derrotar a Kérenski y después convocar el Congreso. Como dijo Marx, la insurrección es un arte [...]. Sería ingenuo esperar una mayoría formal para los bolcheviques [...]. La historia nunca nos perdonará si no tomamos el poder ahora.

El resto de la dirección bolchevique estaba estupefacta. Casi ninguno de ellos creía tener la fuerza suficiente para dar un golpe; algunos opinaban que debían compartir el poder con los otros partidos socialistas; la mayoría pensaba que si fracasaban en una toma violenta del poder terminarían «colgados de los postes de la luz», como dijo uno de los lugartenientes más antiguos de Lenin, el habitualmente leal Grigori Zinóviev. Decidieron quemar todas las copias de las cartas, excepto una. Durante la ausencia de Lenin, el resto de la dirección del Partido había seguido una línea más conciliadora. Incluso habían participado en reuniones conjuntas con los ayudantes de Kérenski con el fin de elaborar la legislación para las tan esperadas elecciones a la Asamblea Constituyente. Si el Gobierno o los *kadetes* hubieran obtenido pruebas de que Lenin planeaba un golpe inminente, podrían haber destruido a los bolcheviques.

Las siguientes semanas demostraron las grandes habilidades de Lenin como líder y estratega y refutaron los argumentos de Marx sobre la poca importancia de los individuos y el carácter a la hora de hacer historia. Arrastró con él a sus reticentes y asustados camaradas hacia un levantamiento que la mayoría de ellos no deseaba. Utilizó una mezcla de astucia, lógica, bravatas, amenazas y persuasión más suave para imponerles su voluntad. Sin Lenin conduciéndolos e instigándolos, la mayoría de los demás se habrían «contentado con hablar de la Revolución», dijo Trotski.

Lo intentó una vez más hacia finales de septiembre con otra «carta desde la distancia», como él la llamaba.

> Los bolcheviques tenemos garantizada la victoria en un levantamiento [...] si de repente golpeamos desde tres puntos: Piter [Petrogrado], Moscú y la flota del Báltico. Tenemos la capacidad técnica y el apoyo armado. Si tomamos el Palacio de Invierno, el Estado Mayor, las centrales telefónicas, las estaciones de ferrocarril [...], tenemos el noventa y nueve por ciento de posibilidades de vencer con pocas pérdidas [...]; estoy profundamente convencido de que, si esperamos y dejamos pasar el momento actual, arruinaremos la Revolución.

Dijo a los camaradas de la dirección que si no aprobaban su plan dimitiría del Comité Central y llevaría sus ideas «a los afiliados». Esa amenaza los hizo recapacitar. Al mismo tiempo exigió que lo dejaran volver a Petrogrado para poder dirigirlos en persona. Se negaron. Su seguridad era demasiado importante, le dijeron. Pero él los desafió y, con la ayuda del jefe de policía de Helsingfors, se disfrazó de pastor luterano, se compró una peluca para cubrir su ya familiar calva y —sin informar a casi nadie fuera de su familia de sus movimientos— regresó en secreto a la ciudad. Exigió un encuentro inmediato con los demás líderes bolcheviques del Comité Central del Partido.

—★—

A las diez de la noche del miércoles 10 de octubre —todavía disfrazado de sacerdote con alzacuellos— Lenin llegó a un elegante bloque de apartamentos de Petrogrado, el número 32 de la calle Karpovka, con vistas al Neva. Sabía que el apartamento del tercer piso que iba a visitar sería seguro: era la casa del destacado periodista menchevique y fuerte crítico de los bolcheviques, Nikolái Sujanov; era el último lugar donde los espías de Kérenski irían a buscarlo. La esposa de Sujanov, Galina Flakserman, sin embargo, era bolchevique y cariñosamente había sugerido a su marido que mejor esa noche durmiera en algún lugar cercano a su oficina, como hacía de vez en cuando, en lugar de afrontar el tedioso viaje nocturno de unos diez kilómetros, dado que el servicio de tranvías fallaba con tanta frecuencia.

La historia puede ser dramática y estar llena de acciones emocionantes y conmovedoras en los campos de batalla y en las barricadas, y a veces puede escribirse en las reuniones de los comités. Había veintiún miembros del Comité Central bolchevique, pero solo doce se sentaron a la mesa redonda bajo una única lámpara en el salón de Sujanov, donde se tomó la decisión de desencadenar la Revolución rusa. Era una minoría de una minoría ya muy pequeña.

Lenin habló durante una hora y repitió sus exigencias de dar un golpe de Estado inmediatamente. Estaba impaciente y al borde de la ira, pero, como dijo Trotski más tarde, «era obvio que se contenía».

De vez en cuando golpeaba la mesa con el puño para recalcar algo. «Desde principios de septiembre ha habido una cierta indiferencia hacia la idea de la insurrección», comenzó. Luego expuso con claridad y detalle por qué «debemos tomar el poder ahora y no esperar a los sóviets, ni a ningún Congreso [...]. El momento es oportuno [...]. El éxito de la Revolución rusa y mundial depende de dos o tres días de lucha». Las discusiones se prolongaron durante siete horas y media. Al principio el líder estaba en minoría, pero de la noche a la mañana se ganó a los escépticos.

Solo los camaradas más antiguos de Lenin, Zinóviev y Borís Kámenev, se resistieron hasta el final. Estaban en contra de un golpe por principio y por razones prácticas. «El pueblo no exige un levantamiento», dijo Kámenev. Lo mejor era «esperar unas semanas a la Asamblea Constituyente, donde tenemos excelentes posibilidades de obtener una gran mayoría legal. El plan del camarada Lenin significa jugarse a una carta no solo el destino de nuestro Partido, sino el destino de la Revolución rusa y mundial».

Casi al amanecer se procedió a la votación. Diez a dos a favor de Lenin, con solo Zinóviev y Kámenev en contra. Lenin extendió la mano por encima de la mesa y cogió un lápiz. No había papel, así que —como es sabido— garabateó en el cuaderno de ejercicios de un niño la decisión más importante que jamás tomaron los bolcheviques: «Reconociendo que un levantamiento armado es inevitable y que el momento es perfectamente oportuno, el Comité Central propone a todas las organizaciones del Partido actuar en consecuencia y discutir y decidir desde este punto de vista todas las cuestiones prácticas».

—★—

Fue el «secreto» peor guardado de la historia, un *putsch* a cámara lenta que todo el mundo veía venir. Kámenev y Zinóviev hicieron pública su oposición al día siguiente. Distribuyeron a los miembros del Partido en Petrogrado un discurso que decía: «Ante la historia, ante el proletariado internacional, ante la Revolución rusa y la clase obrera rusa, no tenemos derecho a jugarnos todo el futuro en el momento actual a la carta de la insurrección armada».

Toda la ciudad hablaba de un golpe inminente. El periódico de Gorki, *Novaya Zhizn,* especulaba sobre la fecha, prediciendo, casi correctamente, el 20 de octubre. *Resch* ('Habla'), el periódico de los *kadetes*, bajo el titular «Anarquía», la acertó: el 25 de octubre. Kérenski estaba tan fuera de juego y era tan complaciente como lo había sido el zar; le dijo al embajador británico, sir George Buchanan, unos días antes del levantamiento: «Todo lo que quiero es que actúen [...]: entonces los aplastaré». El 20 de octubre le dijo a Nabokov que si la insurrección comenzaba «sería como en julio otra vez [...]. Estoy preparado para ofrecer oraciones por una rebelión. Tengo más fuerzas de las necesarias. Serán totalmente derrotados». El 21 de octubre, después de hablar con Kérenski, el embajador americano Francis telegrafió al Departamento de Estado. «Empiezo a pensar que los bolcheviques no harán manifestaciones; si es así, lo lamentaré, ya que creo que el sentimiento se está volviendo contra ellos y [ahora es un] momento oportuno para darles una sana lección». Algunas destacadas personalidades de la extrema derecha ansiaban un golpe de Estado. El industrial del acero y los metales Stepan Lianozov —el «Rockefeller ruso» en la prensa popular— dijo a John Reed que una insurrección bolchevique no duraría ni un día. «El Gobierno declararía el estado de sitio [...]; los mandos militares pueden tratar con esos caballeros sin formalidades legales».

Sin embargo, el Gobierno no hizo ningún esfuerzo para impedir el golpe. No arrestaron a ningún bolchevique. No intentaron apoderarse del cuartel general bolchevique en el Smolny. No reforzaron las defensas de los puentes del Neva ni de los centros de comunicaciones. No creían que los bolcheviques pudieran ganar.

Trotski, nombrado oficialmente jefe del Comité Militar Revolucionario de los bolcheviques el 12 de octubre, no ocultó lo que se proponía. Una de las primeras cosas que hizo fue emitir una «declaración de objetivos» pública, algo bastante extraño para un grupo revolucionario conspirativo a punto de tramar una insurrección revolucionaria. «En interés de la defensa de la revolución y sus conquistas contra los ataques de la contrarrevolución, hemos nombrado comisarios en unidades militares y en puntos estratégicos de la capital y sus alrededores».

El 21 de octubre hizo una de sus apariciones más dramáticas en el Cirque Moderne. Azuzó a la audiencia hasta llevarla casi al frenesí. Tras un encendido discurso, exigió: «Si nos apoyáis sin vacilar [...] y queréis llevar la Revolución a la victoria, si dais a la causa todas vuestras fuerzas [...], juremos todos nuestra lealtad a la Revolución. Si apoyáis este juramento sagrado que estamos realizando, levantad las manos». Todo el público se puso en pie y gritó: «Lo juramos».

El pueblo, que unos meses antes había idolatrado a Kérenski, ahora lo aborrecía. El 24 de octubre, víspera de la Revolución, Zinaida Gippius escribió en su diario: «Nadie quiere a los bolcheviques. Pero tampoco hay nadie dispuesto a luchar por Kérenski».

9

UN GOLPE DESORDENADO

9

UN GOLPE DESORDENADO

Es un mito consolidado el que la Revolución rusa fue una operación impecablemente organizada por un grupo de conspiradores muy disciplinados que sabían con exactitud lo que hacían en todo momento. Es una versión de los hechos que convenía a ambos bandos. Los historiadores soviéticos de las décadas siguientes presentaron el «octubre glorioso» como un levantamiento de las masas, dirigido de forma brillante por el maestro de la sincronización y la estrategia, V. I. Lenin, y sus hábiles y heroicos lugartenientes del Partido bolchevique, que se atuvieron a un estricto calendario de insurrección.

Los derrotados «blancos», como pronto se los llamaría, también se aferraron a un mito reconfortante: que perdieron el poder ante un golpe militar calibrado con precisión y dirigido por un genio maligno con planes diabólicos. No habría impresionado a los partidarios de los leales —ni tranquilizado su amor propio— que se dijera que los derrotó un grupo de conspiradores chapuceros que estuvieron a punto de fracasar. Los bolcheviques podrían haber fallado con facilidad si en ciertos momentos clave hubieran encontrado una ligera resistencia.

En realidad, el supuesto cronometraje perfecto de la insurrección era tan impreciso que nadie podía decir con certeza cuándo comenzó el levantamiento. En un momento dado, el alcalde de Petrogrado envió una delegación a los participantes de ambos bandos preguntándoles si la insurrección había comenzado.

El asalto al Palacio de Invierno, como se ve en la película *Octubre* (1928) de Serguéi Eisenstein. Se contrató a muchas más personas como extras para la película de las que participaron en los hechos reales.

No pudo obtener una respuesta precisa. Los bolcheviques tenían poca experiencia militar. No dominaban el sistema telefónico de Petrogrado y tuvieron que enviar mensajeros por las calles de la ciudad. La fuerza clave de marineros de la base naval de Kronstadt —fieles partidarios de los bolcheviques— llegó a Petrogrado con un día de retraso. La mayoría de los historiadores utilizan la palabra «golpe» para describir la Revolución de Octubre, como yo he hecho aquí a modo de abreviatura. Pero eso sugiere que hubo una toma del poder de un gobierno en funciones. A estas alturas, el Gobierno hacía tiempo que había dejado de funcionar. «El poder estaba en las calles; nosotros lo tomamos», escribió Trotski más tarde.

Los bolcheviques ganaron porque el gobierno provisional bajo Kérenski era todavía más incompetente y estaba más dividido, y porque no tomaron en serio a los bolcheviques hasta que fue demasiado tarde. Pero, sobre todo, porque a la mayoría de la gente le daba igual qué bando ganara.

Durante la noche del 24 al 25 de octubre, pequeños grupos de guardias rojos tomaron posiciones en lugares estratégicos de la ciudad. Aseguraron todos los puentes que cruzaban el Neva antes del amanecer, excepto el puente Nicolás, junto al Palacio de Invierno. Antes habían capturado la fortaleza de San Pedro y San Pablo, al otro lado del río, cuyos cañones dominaban el Palacio. Se oía el chasquido de los disparos ocasionales, pero no había habido combates serios. «Ocurrió mientras la ciudad estaba sumida en un profundo letargo», registró Sujanov. «Más parecido a un cambio de guardia que a una insurrección». A las seis de la mañana cayó el Banco del Estado, una hora más tarde la Central Telefónica, la oficina principal de Correos y el edificio de Telégrafos. A las ocho, los rebeldes habían tomado todas las estaciones de ferrocarril, controlaban las comunicaciones en todo Petrogrado y apenas habían disparado un tiro. No hubo bajas. En teoría, el Gobierno podía recurrir a las tropas de guarnición de la ciudad, unos treinta y cinco mil soldados. Pero como había predicho Trotski, aunque la mayoría de ellos no estaban del lado de los bolcheviques, tampoco estaban preparados para luchar contra ellos.

Hasta que todo terminó, fueron pocos los que se dieron cuenta de que algo importante estaba ocurriendo en Petrogrado el 25 de octubre. Los bancos y las tiendas abrieron todo el día, los tranvías circulaban, y todas las fábricas estaban en funcionamiento como de costumbre; los trabajadores no tenían ni idea de que Lenin estaba a punto de liberarlos de la explotación capitalista. Esa noche, el popular cantante Fiódor Chaliapin interpretaba *Don Carlo* ante una sala llena en el Naródni Dom* y *La muerte de Iván el Terrible,* de Alekséi Tolstói, se representaba en el Teatro Aleksandrinski. Los clubes nocturnos y las salas de conciertos estaban abiertos. Las prostitutas buscaban clientes en las calles adyacentes a la avenida Nevski como cualquier miércoles por la noche. Los restaurantes estaban abarrotados. El periodista estadounidense John Reed y su esposa Louise Bryant cenaban con un grupo de reporteros estadounidenses y británicos en el Hotel de France, cerca de la plaza del Palacio. Volvieron para ver la Revolución después del plato principal. Durante décadas, la mitología soviética presentó la Revolución como un levantamiento popular. Nada más lejos de la realidad. Las fotografías de la época muestran algunos puntos aislados de la ciudad donde un puñado de guardias rojos se arremolinaban despreocupadamente. No había grandes multitudes por ninguna parte, ni barricadas, ni enfrentamientos callejeros. Es imposible saber cuánta gente participó en las pocas zonas estratégicas de la ciudad. Trotski estimó que «no más» de veinticinco mil, pero se refería al número de guardias rojos que podría haber convocado. El número real era mucho menor, a lo sumo diez mil en una ciudad de casi dos millones de habitantes.

—★—

El momento de la insurrección fue crucial para la estrategia política de los bolcheviques que acompañó a la toma del poder militar. El plan consistía en derrocar al Gobierno para entregar «todo el poder a los sóviets». Por supuesto, el poder real recaería en los bolcheviques, pero contar con los sóviets daba a Lenin una especie de cobertura política y una apariencia de apoyo popular.

* Un enorme auditorio para actos culturales de todo tipo.

Pero había un gran obstáculo. El Congreso de los Sóviets de todas las Rusias debía reunirse ese día 25 en el espléndido salón de baile blanco y dorado del Smolny, justo debajo del laberinto de lugares de reunión donde los bolcheviques habían planeado el *putsch.* Lenin debía presentar la toma del poder como un hecho consumado cuando el Congreso soviético se reuniera al mediodía y declarar una «victoria» de la Revolución. Sin embargo, el Gobierno todavía estaba en pie y el Palacio de Invierno —símbolo del poder en Rusia desde la época de Catalina la Grande— no había caído. Su comité militar le había dicho a Lenin que tomar el Palacio sería un asunto sencillo y que terminaría en cinco o seis horas. Pero tardaría más de quince horas en medio de una sucesión de errores y farsas.

A las nueve de la mañana Lenin exigió la rendición del Gobierno. No recibió respuesta. El primer ministro Kérenski había partido poco después del amanecer hacia el cuartel general del ejército en un intento de reunir algunas tropas leales para derrotar la rebelión.

Cuando los ministros se reunieron en la sala de Malaquita del Palacio de Invierno hacia el mediodía, se negaron a rendirse y decidieron resistir todo el tiempo que pudieran. Lenin aplazó su comparecencia en el Congreso de los Sóviets hasta las tres de la tarde, pero si se retrasaba mucho más, toda su estrategia podría venirse abajo. El Palacio, que había sido la sede del gobierno provisional desde julio, era un vasto símbolo de la Rusia imperial. Gran parte de la historia imperial zarista había transcurrido entre sus mil quinientas habitaciones, repartidas en un edificio de cuatrocientos metros de largo frente al Neva. Junto con una compañía de cosacos, había unos doscientos veinte cadetes oficiales de la escuela militar de Oranienbaum, cuarenta miembros del escuadrón ciclista de la guarnición de Petrogrado y doscientas mujeres del Batallón de Choque de la Muerte. De unas fuerzas armadas que alcanzaban los nueve millones de rusos, esto era todo lo que el gobierno provisional podía reunir para proteger la capital... y a sí mismos.

No hubo «asalto» al Palacio de Invierno —la supuesta pieza central de la Revolución— como se describe en *Octubre,* la épica y brillante, pero en gran parte ficticia, película de Eisenstein de 1928. Se empleó a mucha más gente como extras para la película que la que participó en el acontecimiento real. Militarmente estaba tan descuidado que Reed y Bryant se pasearon por el edificio durante la tarde sin impedimentos. Los sirvientes de palacio, con sus uniformes azules zaristas, les quitaron los abrigos y algunos cadetes de la escuela militar les enseñaron el lugar.

A las tres de la tarde, Lenin no pudo demorarse más. Compareció ante el Congreso de los Sóviets en el Smolny y declaró descaradamente su victoria, aunque el Gobierno aún no había caído, los ministros no estaban arrestados y el Palacio de Invierno tampoco se encontraba en manos bolcheviques. Esta fue la primera gran mentira del régimen soviético. Declarar que los bolcheviques habían tomado el poder era tan importante para su plan que estaba dispuesto a inventarlo.

El reloj del golpe se retrasaba cada vez más y, a medida que avanzaba el día, los plazos dejaron de existir. Los bolcheviques intentaron disparar contra el Palacio desde San Pedro y San Pablo, pero los cinco cañones pesados de la fortaleza eran venerables piezas de museo que no se habían disparado en años. Encontraron algunos cañones de entrenamiento más ligeros y los arrastraron hasta su posición, pero nadie pudo hallar los proyectiles de tres pulgadas adecuados para ellos. Luego resultó que los cañones no tenían miras. A última hora de la tarde, los comisarios averiguaron que los grandes cañones solo necesitaban una limpieza.

Los insurgentes no pudieron izar el farolillo rojo en lo alto del mástil de la fortaleza, la señal para que comenzara el bombardeo y el asalto terrestre. No lograron encontrar ningún farolillo rojo, así que abandonaron cualquier idea de dar una señal. A las seis y media de la tarde, los bolcheviques, que durante los dos últimos días habían controlado mediante las tripulaciones amotinadas los cruceros de batalla *Aurora* y *Amur*, ordenaron a los dos barcos remontar el río y detenerse frente al Palacio de Invierno. Diez minutos después enviaron un ultimátum: «El Gobierno y las tropas deben capitular. Este ultimátum expira a las 19.10, después de lo cual abriremos fuego inmediatamente».

Guardias rojos ante el Instituto Smolny, el cuartel general de los bolcheviques, que en su día había sido un colegio de señoritas de la aristocracia.

Los ministros rechazaron el ultimátum. A las siete menos diez se sentaron a cenar: sopa de remolacha, pescado al vapor y alcachofas. A estas alturas, los defensores ya estaban listos para rendirse y plegarse a lo inevitable. La mayoría se retiró a medida que avanzaba la tarde. Los cosacos, los únicos con formación militar, se marcharon «asqueados por los judíos y las mozas que había dentro». Quedaron menos de doscientos. Los guardias rojos podrían haber entrado fácilmente en cualquier momento.

A las 21.40, por fin, se dio la señal de comenzar el bombardeo con un disparo de fogueo desde el *Aurora.* Veinte minutos después, los cañones de la fortaleza de San Pedro y San Pablo empezaron a disparar munición real. Se disparó una andanada de tres docenas, pero solo dos impactaron en el Palacio, lo que provocó mellas en algunas cornisas. Un pequeño grupo de marineros y guardias rojos entraron en el edificio y rápidamente se dieron cuenta, cuando empezaron a registrar las habitaciones, de que casi no tenían oposición. Alrededor de las dos de la ma-

Una habitación del Palacio de Invierno, cuya pared fue perforada por un disparo del crucero revolucionario *Aurora* durante la Revolución de Octubre de 1917.

drugada, un hombrecillo de largo y ondulado pelo rojo, con un sombrero de ala ancha y una corbata roja suelta entró en la sala; «una turba armada iba detrás de él», afirmó John Reed. Este hombre de aspecto pintoresco declaró con voz aguda: «Soy Vladímir Antónov-Ovséyenko, representante del Comité Militar Revolucionario. Les informo a todos ustedes, miembros del gobierno provisional, que están bajo arresto». Tras ello, se los condujo a la fortaleza de San Pedro y San Pablo.

En Petrogrado, a lo largo del día, el recuento de bajas fue de media docena de muertos y menos de veinte heridos, todos ellos atrapados en el fuego cruzado. El problema del Comité Militar era ahora controlar a sus propias tropas bolcheviques. Muchas habitaciones del palacio estaban llenas de cajas de embalaje con algunos de los tesoros del antiguo zar, que estaban a punto de ser enviados a Moscú para su custodia. Los guardias rojos tenían otros planes. «Un hombre iba pavoneándose con un reloj de bronce colgado del hombro», dijo Reed, que los acompañaba. «Otro encontró un penacho de plumas de avestruz, que se pegó en el sombrero». El saqueo no había hecho más que empezar cuando alguien gritó: «¡Camaradas! ¡No os llevéis nada! ¡Esto es propiedad del pueblo! Deteneos. ¡Devolvedlo todo a su sitio!». Muchas manos arrastraron a los saqueadores. Se arrebataron damascos y tapices de los brazos de quienes los tenían; dos hombres se llevaron el reloj de bronce. De forma brusca y apresurada, se volvieron a meter las cosas en las cajas. Otros guardias rojos se dirigieron directamente a la bodega de vinos del zar, una de las mejores del mundo. Contenía cajas de Tocay de la época de Catalina la Grande y Château d'Yquem 1847, el favorito de Nicolás II. «El asunto del vino [...] se volvió crítico», recordó Antónov. «Enviamos guardias de unidades seleccionadas. Se emborracharon. Enviamos guardias de los comités de regimiento. También sucumbieron. Siguió una violenta bacanal». Llamó a los bomberos de Petrogrado para que inundaran la bodega con agua, «pero los bomberos [...] se emborracharon en su lugar».

—★—

El verdadero drama estaba ocurriendo en el Smolny. Allí fue donde se ganó la Revolución. El Congreso de los Sóviets se reunió de nuevo a las diez y media de la noche, y en el salón de baile, lleno de humo, bullía la ira. La esperanza de Lenin era que se aprobara el golpe, pero muchos delegados lo denunciaron. Incluso unos pocos bolcheviques se opusieron. Sin embargo, los oponentes de Lenin se lo pusieron fácil. Los otros grupos socialistas, liderados por Mártov, dijeron que no tendrían «nada que ver con esta toma de poder criminal» y abandonaron el Congreso de los Sóviets, para no volver nunca a ocupar ningún puesto de influencia en Rusia. Podrían haber dificultado la posición de Lenin si se hubieran mantenido fuertes y unidos contra los bolcheviques. Incluso podrían haber impedido que Lenin constituyera su dictadura. Abandonar la cámara fue un error fatal, como muchos admitieron poco después. «Dejamos a los bolcheviques al mando de la situación», dijo Sujanov, un opositor a Lenin. «Al abandonar el Congreso les dimos el monopolio de los sóviets. Nuestras propias decisiones irracionales aseguraron la victoria de Lenin».

Alrededor de las cinco de la madrugada, con la oposición a punto de escenificar su marcha hacia el olvido, el orador más hechizante de los bolcheviques, Trotski, pronunció uno de los discursos más famosos del siglo XX, para su conclusión. El levantamiento «no necesita justificación», dijo.

> Lo que ha ocurrido es una insurrección, no una conspiración [...]. Las masas populares siguieron nuestra bandera. Pero ¿qué nos ofrecen [señalando a los demás socialistas]? Nos dicen: renunciad a vuestra victoria, haced concesiones, transigid. ¿Con quién?, pregunto yo. A los que nos han abandonado debemos decirles: sois unos miserables arruinados, vuestro papel está acabado. Id a donde debéis ir: al basurero de la historia.

Lenin dijo poco después del «octubre glorioso» que tomar el poder había sido «tan fácil como recoger una pluma».

10

EL NUEVO MUNDO

10

EL NUEVO MUNDO

Justo antes del amanecer del día de la Revolución, cuando el resultado aún parecía incierto, los camaradas empezaron a discutir la forma del nuevo gobierno. Lenin se preguntaba cómo debía denominarse. «No debemos llamar ministros a los miembros», dijo. «Es una palabra repulsiva y trillada». «¿Por qué no comisarios?», sugirió Trotski, «solo que ya hay demasiados comisarios. ¿Qué tal comisarios del pueblo?». «Comisarios del pueblo. Me gusta. ¿Y cómo llamaremos al Gobierno?» «El Consejo (sóviet) de Comisarios del Pueblo [Sovnarkom]». «Es maravilloso», exclamó Lenin. «Huele a revolución».

Siguió una farsa de modestia entre los revolucionarios. Lenin propuso que Trotski fuera el jefe del Gobierno, mientras él mismo seguía siendo el líder del Partido bolchevique. Nadie sabe si lo dijo en serio o no, pero mostró poca sorpresa cuando Trotski se negó. «Sabes muy bien que un judío no puede ser primer ministro en Rusia», dijo. «Y, además, estarías constantemente en desacuerdo conmigo. Eres el líder. Tienes que ser tú». La decisión fue unánime. Entonces Lenin dijo algo desconcertante, teniendo en cuenta que había pasado veinticinco años de su vida leyendo, estudiando, preparándose para este momento. «Primero tomemos el poder», le dijo a Trotski, «luego decidiremos qué hacer con él».

Desde el primer momento, el Sovnarkom dio muestras de inseguridad. Los primeros bolcheviques pensaban que el poder se les podía escapar en cualquier momento, lo que explica gran parte de los setenta y cuatro años de historia del Estado soviético.

КРАСН
ГА

Primera reunión del Sovnarkom, octubre de 1917. De los veinticuatro camaradas aquí retratados, dieciséis acabaron posteriormente asesinados en las purgas de Stalin o internados en el gulag.

Habiendo alcanzado el poder de forma ilegítima, su única preocupación real era conservarlo, una obsesión que transmitieron a sus sucesores. Durante toda su existencia, la Unión Soviética se identificó con el fundador del Estado, vivo o muerto. El régimen que Lenin creó fue moldeado en gran medida por su personalidad: reservado, conspirador, desconfiado, intolerante, ascético, intemperado. Quería el poder pensando en sí mismo, como hacen los egoístas. Pero creía con sinceridad que lo utilizaría para mejorar la vida de la mayoría. Así justificó las mentiras, el engaño y el terror que siguieron: todo era aceptable en pos del sueño socialista. Como dijo Angélica Balabánova, una activista bolchevique de larga trayectoria y más tarde, durante un breve periodo, jefa del Comintern (la Internacional Comunista) —que lo respetaba y admiraba pero que llegó a temerlo y aborrecerlo—: «Puede decirse de Lenin, usando la expresión de Goethe, "que deseó el bien [...] y creó el mal", y esa fue su gran tragedia».

A Lenin no le interesaban las trampas del poder: el lujo, el dinero o el sexo. Siempre vivió en un estilo burgués muy modesto, incluso después de 1917. No disfrutaba personalmente con la violencia, a diferencia de otros de los primeros bolcheviques, y, sin embargo, fue responsable de la muerte de millones de personas. No era un sádico. Nunca vistió nada parecido a un uniforme militar, como tantos dictadores preferían. Solía llevar un traje raído y corbata. Sabía que los bolcheviques utilizarían el terror y lo aceptó, justificándolo siempre como necesario. Pero nunca presenció una ejecución y no tenía ningún interés en oír hablar de una. Para Lenin, la sangre que derramaría era en gran medida teórica.

—★—

Nadie en Petrogrado creía que el poder bolchevique pudiera sobrevivir mucho tiempo. Era un «gobierno de periodistas y panfletistas», que no tenían ni idea de cómo dirigir una administración, según un periodista y propagandista liberal. Un titular de la mañana siguiente al golpe describía a los bolcheviques como «Califas por una hora». El líder menchevique Irakli Tsereteli les dio «no más de tres días». Gorki escribió en *Novaya Zhizn* que Lenin duraría como mucho dos semanas, aunque no tardó en cambiar de opinión. Vladímir Nabokov, desempleado tras la caída del Gobierno, «se negó a creer ni por un minuto en la fortaleza del régimen bolchevique [...] y esperaba su pronta desaparición». Zinaida Gippius dijo: «Este gobierno de un puñado de estafadores no puede durar mucho». Algunas embajadas se apresuraron a decir lo mismo a sus Gobiernos. Un ayudante del embajador británico telegrafió al Ministerio de Asuntos Exteriores a los pocos días diciendo que «se puede dar por hecho que el Gobierno bolchevique ya está en las últimas». El embajador estadounidense, que había dicho al Departamento de Estado que nunca se produciría un golpe bolchevique, calificaba ahora la toma del poder como «algo repugnante» y aseguraba a Washington que no tardarían en ser derrocados.

Algunos de los bolcheviques más veteranos no se sentían tan seguros. Uno dijo que vivían «sentados en maletas», porque así podían huir en cualquier momento. Anatoli Lunacharski escribió a su esposa solo cuatro días después de su nombramiento como comisario para la Educación: «Las cosas son muy inestables. Cada vez que termino de escribir una carta no sé si será la última. En cualquier momento me pueden meter en la cárcel». El siempre práctico Yákov Sverdlov, uno de los lugartenientes de mayor confianza de Lenin, se había hecho con unos cien mil rublos de oro, algunas joyas y siete pasaportes falsos —incluido uno para él, Lenin y otros bolcheviques destacados— que había guardado en una caja fuerte ignífuga por si se veían obligados a emprender una huida rápida. Nadezhda Krúpskaya dijo a los camaradas que el temor de Lenin era que «el poder se le escapara de los dedos [...] y por esa razón estaba decidido a no ser demasiado indulgente».

Eso explicaba una de sus primeras acciones como presidente del Sovnarkom la tarde siguiente al golpe. Tras haber pasado dos noches en vela, Lenin durmió durante la mañana. En sus pocas horas de ausencia, Kámenev había estado al mando como presidente temporal del Sovnarkom. Había decretado el fin de la pena capital para las tropas en el frente, la cual el gobierno de Kérenski había reintroducido en verano. La reacción de Lenin era previsible. Buscó a Kámenev y montó en cólera. «Tonterías. Qué estupidez. Sería un grave error, una debilidad imperdonable. ¿Cómo se puede hacer una revolución sin pelotones de fusilamiento? Si usted cree que podemos vencer sin ejecuciones [...] se engaña como un ingenuo. ¿Qué otros medios de represión tenemos? Usted no comprende las graves dificultades que vamos a encontrar». Desde el primer momento, los bolcheviques supieron que crearían su nuevo mundo a punta de pistola.

Durante décadas, los historiadores y propagandistas soviéticos afirmaron que muchos de los problemas a los que se enfrentaba el nuevo Estado no podían preverse y que desde el primer día el régimen —apoyado en su conjunto por las masas de trabajadores y soldados— tuvo que hacer frente a una serie de emergencias. Hay algo de cierto en este argumento, como admitieron incluso muchos observadores y testigos extranjeros que no eran simpatizantes comunistas. Pero los detractores reconocieron desde el principio la verdadera naturaleza de estas «circunstancias especiales»; sobre todo, que los bolcheviques siempre fueron minoría y sintieron que debían recurrir a la represión para mantener el control. La única verdad que ambos bandos aceptaban era que vivían en una época violenta, una época de amargas guerras; la brutalidad era habitual en el mundo en torno a 1917-1919. Además, Rusia nunca había adquirido una cultura política de colaboración. Los bolcheviques se enfrentaban a una economía arruinada, heredada de los zares, un sistema que durante mucho tiempo había estado acostumbrado a procedimientos arbitrarios y métodos dictatoriales. Incluso si hubieran querido establecer una democracia —y eso parecía, desde el punto de vista de la mayoría de los dirigentes, poco probable— se habrían enfrentado a inmensas dificultades y a una poderosa oposición. Pero nunca tomaron esa opción.

Cuando Kérenski huyó antes del amanecer de la mañana del golpe, se dirigió directamente al frente para reunir un ejército que recapturara la capital. Pero no iba a regresar triunfante. La mayor parte del ejército se negó a apoyarlo, incluso algunos oficiales, por mucho que despreciaran a los bolcheviques. Todo lo que Kérenski pudo reunir fueron unos cuatrocientos cosacos, que lograron capturar por poco tiempo Gatchina, a cuarenta y cinco kilómetros al sur de Petrogrado. Aun así, sus esfuerzos por convertir el pueblo en una base estratégica desde la que poder tomar la ciudad se frustraron y Kérenski escapó al exilio en Occidente. Es difícil señalar una fecha exacta en la que comenzó la guerra civil rusa, pero un momento tan bueno como cualquier otro sería la desaparición de Aleksandr Kérenski y el gobierno provisional.

—★—

El segundo día de la Revolución, los bolcheviques empezaron a censurar la prensa. Igual que habían hecho los Románov, también lo harían los bolcheviques. Unas semanas antes, el 15 de septiembre, en uno de los periódicos del Partido, *Rabochi Put* ('Camino Obrero'), Lenin había calificado la censura de «feudal [...] asiática» y elogiado la prensa libre «como mucho más democrática en principio que cualquier otra alternativa». Prometió «una libertad de prensa incomparablemente mayor» si los bolcheviques se salían con la suya. El 27 de octubre Lenin redactó un decreto sobre la prensa que establecía un sistema de censura dirigido por los *apparatchiks* de su Partido. «Cualquier órgano de prensa puede ser [clausurado] por incitar a la resistencia contra los decretos del Sovnarkom [...] o si se descubre que siembra la confusión mediante una distorsión sin duda difamatoria de los hechos». Se suponía que estas acciones eran «temporales». Contra «los descarados contrarrevolucionarios [...] deben tomarse medidas de emergencia para detener el torrente de inmundicias y calumnias dirigidas a la nueva autoridad. Tan pronto como el nuevo orden se haya establecido firmemente se levantarán todas las medidas administrativas que afecten a la prensa y se le concederá plena libertad». Eso no había ocurrido durante décadas en Rusia, y nunca del todo bajo los comunistas. Ni tampoco cien años después.

A partir del 28 de octubre, los periódicos del Partido Democrático Constitucional quedaron clausurados. Los guardias rojos destrozaron algunas de sus rotativas y máquinas de linotipia y confiscaron las demás. Algunos redactores y periodistas destacados fueron detenidos. La prensa de la oposición se vio obligada a pasar a la clandestinidad.

La vieja izquierda quedó destrozada. El venerable padre del marxismo ruso, Gueorgui Plejánov, ahora de sesenta y un años y con una salud precaria, estaba horrorizado de que su antiguo camarada hubiera tomado el poder para sí mismo y para su Partido, dejando de lado a otros socialistas. Al día siguiente del golpe escribió una carta abierta a la clase obrera de Petrogrado en la que decía que la «revolución [bolchevique] es la mayor calamidad histórica, que hará retroceder el reloj de todas las conquistas logradas en Rusia desde febrero». Al día siguiente, soldados y marineros irrumpieron en su apartamento de Petrogrado y lo apuntaron con una pistola, aunque lo dejaron ileso. Una semana después de la Revolución, Vera Zasúlich, de sesenta y ocho años, que había pasado largos años en el exilio con Lenin y Trotski, dijo desesperada a un camarada: «Siento como si todo por lo que he luchado, todo lo que tanto me ha importado durante toda mi vida, se hubiera desmoronado».

Para gran parte de la izquierda europea de la época, los bolcheviques no eran socialistas en absoluto. Su visión de la «dictadura del proletariado», de la discriminación de clases, de la imposición de una ideología mediante el terror, no era lo que la mayoría creía. Lenin se encontraba en el extremo, en las afueras, del pensamiento socialista. Después de octubre, muchos socialistas de otros lugares previeron, como lo hizo la temible Rosa Luxemburgo, que su régimen desembocaría en una dictadura permanente, cada vez más dura. Detestaban los principios bolcheviques. Pero resentían aún más el efecto que tendrían sobre ellos y sobre su propia política interna. La Revolución los desacreditó a ellos y a sus ideas en casa. Era irrelevante que los socialistas más moderados odiaran a los bolcheviques. Para la propaganda de derechas era fácil demostrar que todos los socialistas eran iguales, como ocurriría durante el resto del siglo XX.

—★—

Durante las primeras semanas después de la Revolución, los bolcheviques gobernaron por decreto. Decenas de ellos salieron del Smolny en tromba, la mayoría preparados por el propio Lenin.

Aparte del decreto sobre la prensa, había decretos sobre la paz, que prometía un rápido final de la guerra; sobre la tierra, que garantizaba una vasta reforma agraria que otorgaría a los campesinos derechos de propiedad y control de las fincas; y sobre los derechos de los trabajadores, que aseguraba la «liberación de la explotación capitalista» y el control sobre las fábricas. Un decreto garantizaba la jornada laboral de ocho horas, algo por lo que los sindicatos llevaban décadas luchando. Todas las naciones del Imperio ruso, desde Armenia hasta los Estados bálticos y Polonia, obtuvieron el derecho a la independencia. Se garantizó a las mujeres la igualdad de derechos en el trabajo, el matrimonio y la propiedad familiar. A los rusos se les aseguró la libertad de religión, y también la ausencia de ella. Bajo el Antiguo Régimen, la Iglesia ortodoxa era la religión establecida, muchas otras habían estado prohibidas y todavía existían tribunales eclesiásticos con un poder considerable. Se nacionalizaron por decreto los bancos y las principales industrias. El nombre del Partido Obrero Socialdemócrata de Rusia, que existía desde la década de 1890, se cambió por el de Partido Comunista (bolchevique) un mes después de la Revolución de Octubre. Fue una señal: el Partido había emprendido el camino del socialismo al comunismo.

El ritmo frenético de los decretos se debió en parte a la determinación de los bolcheviques de avanzar con rapidez. Pero la razón principal fue la inseguridad: si el régimen no sobrevivía, querían que la evidencia de los decretos dejara constancia en la historia de las cosas que pretendían conseguir con la Revolución. Los decretos se aprobaron en el Sovnarkom, pero apenas se discutieron en los sóviets en cuyo nombre los bolcheviques habían tomado el poder. El sóviet no tardó en convertirse en el órgano de aprobación automática que seguiría siendo durante las siete décadas siguientes: «Una lamentable parodia de parlamento revolucionario», como señaló Adolf Ioffe, uno de los mejores amigos de Trotski.

—★—

Un decreto confidencial redactado por Lenin estableció la Cheka, el principal pilar del Estado policial soviético. Hubo nume-

Félix Dzerzhinski, el «Conde Rojo», fotografiado en 1918. Como primer jefe de la organización policial secreta soviética conocida como la Cheka, fue el ejecutor voluntario de Lenin y el arquitecto del «Terror Rojo» (1918-1922).

rosos cambios de nombre a lo largo de los años: GPU, OGPU, NKVD, MGB y, finalmente, en su encarnación más conocida, KGB. Se llamara como se llamara, sus tareas seguían siendo las mismas: proteger al Partido y a sus dirigentes de cualquier amenaza percibida de subversión e impartir «justicia revolucionaria». Era la «espada y el escudo» del Partido Comunista. La mayoría de los operativos se llamaban a sí mismos chekistas, hasta el día de su disolución en la década de los noventa. El presidente ruso cien años después de la Revolución, Vladímir Putin, un antiguo oficial del KGB hasta el colapso de la URSS, solía decir que había sido chekista. Lo mismo decían miles de personas que trabajaron para las agencias que la Cheka engendró en todo el mundo comunista: la Stasi de Alemania Oriental o la Securitate de la Rumanía de Nicolae Ceauşescu.

Se creó seis semanas después de la Revolución como Comisión Extraordinaria *(Chrezhvychniaia Komissia)* de lucha contra la contrarrevolución, la especulación y el sabotaje. Oficialmente, la Cheka debía trabajar codo con codo con otra comisión creada tres días antes para combatir los «pogromos del vino», protagonizados por personas que saqueaban las bodegas del zar y de los ricos. Pero el cometido de la Cheka siempre pretendió ser más amplio, aunque sus funciones y poderes no trascendieron hasta mediados de la década de los años veinte. Desde el primer momento operó al margen de la ley, bajo protocolos ultrasecretos y casi sin responsabilidad política.

El sóviet no tenía ningún control y tampoco lo tuvo, a lo largo de los años, el Sovnarkom. Al principio solo respondía ante Lenin, luego ante Stalin y más tarde ante quien surgiera como secretario general del Partido. La Cheka no tardó en convertirse en el más temido de los «órganos» del Estado, y su primer jefe, el «despiadado, frío, tímido y profundamente puritano»* Félix Dzerzhinski, un conde polaco, en el hombre más odiado de Rusia. El conde sabía cuál era su tarea: «Librar una guerra sin cuartel contra todos los enemigos de la Revolución. No buscamos formas de justicia. No necesitamos justicia. Es la guerra: cara a cara, una lucha hasta el final. A vida o muerte». La Cheka era más

* Sujanov, *The Russian Revolution 1917: A Personal Record.*

despiadada que la Ojrana, pero se trata de una cuestión de grado, no de una diferencia de categoría. En muchos aspectos eran el reflejo la una de la otra. La Ojrana había funcionado como una fuerza policial privada de la Corona: la espada y el escudo del zar. El papel de la Cheka era similar, al igual que sus técnicas.

—★—

La guerra había desencadenado la Revolución —ambas revoluciones— y los bolcheviques sabían que tenían que cumplir la promesa de paz si querían evitar el destino del gobierno provisional. Lenin estaba dispuesto a hacer la paz casi a cualquier precio, aunque había un gran grupo dentro del Partido en su contra y tuvo que esforzarse mucho para reunir una mayoría de apoyo. Los bolcheviques creían con firmeza que la revolución en Rusia desencadenaría levantamientos inmediatos en Europa occidental y promovería la revolución mundial. Con cada pequeño motín del ejército en Alemania, Gran Bretaña o Francia, la prensa bolchevique anticipaba una insurrección entre los trabajadores que derribaría al gobierno burgués. Para gran parte de la dirección del nuevo régimen, un acuerdo de paz era más una cuestión práctica que de teoría socialista. Lenin creía que su Revolución no podría sobrevivir por sí sola mucho más en medio de un mar de enemigos, por lo que los bolcheviques necesitaban urgentemente tiempo para consolidarse sin guerras extranjeras, y esperar a que las otras revoluciones los siguieran con algo de apoyo (y más tarde ayuda financiera). «Estoy dispuesto a ceder territorio [a los alemanes] para obtener un respiro», dijo a los camaradas unos días después del golpe de octubre. «Para nosotros, así como desde el punto de vista internacional, la preservación de la república soviética está por encima de todo».

El acuerdo de paz con Alemania supuso la primera gran prueba del poder de los bolcheviques en la nueva Rusia, y estuvieron a punto de fracasar. Abrió una escisión dentro del Partido que podría haber derribado el régimen en pocas semanas. Al principio, la mayoría de los camaradas se negaron a aprobar un abyecto acuerdo negociado con los alemanes que concedía a las Potencias

Centrales todo lo que habían querido. El Tratado de Brest-Litovsk era, como dijo la esposa de Lenin, «esclavitud, partición, humillación», pero probablemente garantizaba la supervivencia del incipiente Estado soviético. Aparte del territorio que ya habían perdido durante los tres años anteriores en Bielorrusia y las tierras fronterizas ucranianas, perdieron casi todo el resto de Ucrania, Finlandia y los Estados bálticos a manos de Alemania, y tres puertos del mar Negro a manos de los turcos: 1,8 millones de kilómetros cuadrados, 62 millones de personas, alrededor del treinta por ciento de sus mejores tierras agrícolas y la mitad de su industria y minas de carbón. Enfrentados ya a un desastre económico con inflación y escasez de alimentos, tuvieron que pagar una enorme indemnización a Alemania de unos 120 millones de rublos de oro, más de una cuarta parte de las reservas del Estado.

El hecho de que no se produjeran revoluciones socialistas exitosas fue un golpe en términos prácticos e ideológicos que dañó el prestigio y la influencia de la izquierda. El precio de la paz fue inmenso, y no solo en tierras, oro y reputación. La paz entre Rusia y Alemania provocó la primera gran colisión entre las potencias occidentales y el nuevo Estado socialista: la primera Guerra Fría con los soviéticos.

11

DICTADURA DEL PROLETARIADO

11

DICTADURA DEL PROLETARIADO

El primer parlamento libremente elegido de Rusia —la Asamblea Constituyente— sobrevivió unas doce horas. No habría otro hasta casi setenta y cinco años después.

La introducción de una democracia representativa fue la mayor promesa que hizo el gobierno provisional tras el derrocamiento del zar. En un principio, la fecha de las elecciones se fijó para septiembre; luego se retrasó a octubre y, por último, a mediados de noviembre. Las votaciones se escalonarían a lo largo de dos semanas debido al tamaño del país y a la enorme tarea logística de contar los votos.

Cada vez que se aplazaban las elecciones, los bolcheviques se quejaban de que el Gobierno pretendía «estrangular la democracia» y planeaba estafar al pueblo con el «parlamento libre por el que ha luchado». Pero los bolcheviques de Lenin no tenían ninguna intención de permitir un parlamento libre. Por razones tácticas, sus propagandistas escribieron en ocasiones anteriores elogios a las elecciones. Pero ellos —en particular Lenin— no creían en la teoría de la «democracia burguesa» y mucho menos en su práctica para un Estado revolucionario. La dictadura del proletariado y la autoridad del sóviet eran «no solo una forma superior de democracia [sino] la única forma de democracia».

El primer día después del golpe, a las pocas horas de tomar el poder, Lenin había querido posponer indefinidamente las elecciones. «Tenemos que aplazarlas», dijo a su círculo de camaradas. «Pueden costarle la cabeza a la Revolución». Pero, a regañadien-

Yákov Sverdlov, el segundo al mando de Lenin. Hasta su muerte en 1919 en la pandemia de gripe de posguerra, Sverdlov parecía el hombre con más posibilidades de sucederlo como líder del régimen.

tes, fue persuadido por su lugarteniente más cercano en aquel momento, Yákov Sverdlov, y por la mayoría de su entorno, para que permitiera su celebración tal como estaba previsto.

Se arrepintió enseguida. Lenin sabía que los bolcheviques no obtendrían buenos resultados. Pero les fue peor de lo que esperaba y obtuvieron menos de diez millones de votos, alrededor del veintidós por ciento del total, lo que dejó en ridículo la afirmación de que contaban con el apoyo de las masas. Casi todos sus votos procedían de la clase obrera de Petrogrado, Moscú y algunas otras ciudades con una base industrial y una gran población de rusos étnicos. Los socialrevolucionarios (PSR) obtuvieron con diferencia el mayor número de votos, el treinta y nueve por ciento del total, aunque su éxito se complicó porque se dividieron en dos antes de que comenzara la campaña. A los votantes rara vez les quedaba claro si un candidato era un socialrevolucionario de «derechas», que se oponía a los bolcheviques, o un socialrevolucionario de «izquierdas», que era más amistoso con ellos y a principios de diciembre de 1917 se convirtió en el único socio de la coalición del partido de Lenin. Los mencheviques obtuvieron solo el tres por ciento de los votos y los *kadetes* el cinco por ciento. Los historiadores que desde entonces han argumentado que los rusos de 1917 se mostraron como reformistas moderados estaban muy equivocados. La gran mayoría de los votos —alrededor del ochenta y cinco por ciento— fueron a favor de revolucionarios izquierdistas de uno u otro tipo, aunque está claro que no votaron por un Estado de partido único bajo los bolcheviques.

Los bolcheviques retrasaron la apertura de la Asamblea, mientras tramaban formas de abolirla por completo. Primero despidieron a los comisarios electorales, políticamente neutrales, cuyo trabajo consistía en supervisar las disposiciones prácticas para el desarrollo de las elecciones, y los sustituyeron por un *apparátchik* del Partido bolchevique.

El 27 de noviembre, el Partido Democrático Constitucional, de centroderecha, fue prohibido y sus miembros declarados «enemigos del pueblo»; los guardias rojos arrestaron a todos los *kadetes* prominentes que pudieron encontrar, docenas de personas, muchas de las cuales acababan de ser elegidas para la Asamblea.

Cuando Lenin no pudo aplazar más la fecha, el 5 de enero la Asamblea se reunió en el Palacio de Táuride. Petrogrado estaba «en estado de sitio» desde primera hora de la mañana. El Gobierno había declarado la ley marcial e inundado la ciudad con tropas leales y guardias rojos. Se habían prohibido las manifestaciones, pero a mediodía unos cuarenta mil trabajadores, estudiantes y funcionarios desafiaron la orden y comenzaron a marchar el kilómetro y medio que separaba el Campo de Marte del Palacio de Táuride, en un día de frío intenso y nieve. Cuando llegaron a la avenida Liteini, los guardias rojos, ocultos en los tejados, abrieron fuego. Los manifestantes se dispersaron y dos enormes pancartas que llevaban —«Todo el poder a la Asamblea»— quedaron pisoteadas en el aguanieve. Al menos diez personas resultaron muertas y setenta gravemente heridas.

Por la tarde, cuando la cámara se llenó y comenzaron los procedimientos, ya había guardias por toda la sala y varios de los diputados también llevaban armas. Carl Lindhagen, el alcalde de Estocolmo que había conocido a Lenin nueve meses antes durante el viaje en el «tren sellado», y que ahora se encontraba en Petrogrado como observador, comentó: «Hoy va a ser un espectáculo del salvaje Oeste [...]: todo el mundo lleva un arma». No era así como se hacían las cosas en Suecia.

El líder socialrevolucionario Víctor Chernov resultó elegido para presidir la Asamblea y pronunció un largo y farragoso discurso denunciando la Revolución. Los bolcheviques, superados con creces en número, lo abuchearon durante todo el acto. Cuando hubo terminado, empezaron los asuntos serios. Sverdlov propuso una moción bolchevique en la que se pedía a la Asamblea que ratificara automáticamente los decretos del Sovnarkom como un órgano de simple trámite, empezando por el decreto sobre los derechos de los trabajadores e incluyendo la nacionalización de los bancos y un decreto sobre el trabajo obligatorio «para destruir a la clase burguesa de parásitos».

Fue rechazada por una amplia mayoría y los bolcheviques se retiraron. «No permaneceremos en este órgano contrarrevolucionario», dijo el líder de los marineros de Kronstadt, Fiódor Raskólnikov. Hubo un aplazamiento y Lenin dio entonces la orden de disolver la Asamblea. Exigió a los guardias rojos que no hicieran uso de la violencia, pero les dijo que cuando los diputados se marcharan esa misma noche debían cerrar el palacio con llave y no permitir que nadie volviera a entrar al día siguiente.

Cuando los diputados llenaron de nuevo el hemiciclo hacia las once y media de la noche, los discursos se hicieron más largos y aburridos. Hacia las cuatro de la madrugada, el ministro de la Guerra, Pável Dybenko, ordenó a los guardias rojos que vaciaran la cámara. Uno de los guardias se acercó a Chernov en el podio, le dio un golpecito en el hombro y le dijo: «Todos los presentes deben abandonar la cámara ahora porque los guardias están cansados». Chernov le respondió: «Nosotros también estamos cansados, pero eso no puede interrumpir nuestro trabajo, del que toda Rusia está pendiente». Los guardias, la mayoría de los cuales estaban borrachos, empezaron a tocar sus armas de forma amenazadora y a apagar las luces una a una. A las 4.40 del 6 de enero todos los delegados salieron y las puertas del palacio se cerraron tras ellos. Cuando emprendieron el regreso al Táuride la tarde siguiente, el camino estaba bloqueado por soldados y en las puertas del palacio se publicó un decreto que disolvía la Asamblea. Se acabó la democracia representativa.

—★—

La ola de delincuencia y anarquía que se extendía por Petrogrado y otras ciudades importantes era un dilema para los bolcheviques. La violencia indiscriminada y los robos habían sido un problema creciente desde la Revolución de Febrero y ahora que los bolcheviques ocupaban el poder en Rusia se esperaba que resolvieran el problema. Por otra parte, los mismos agitadores bolcheviques —Vladímir Lenin, el más importante— alentaban gran parte de la violencia por razones políticas: como venganza del pueblo contra la burguesía por «siglos de flagrante desigualdad» y como «justicia revolucionaria contra los explotadores». Al principio, su retórica tenía un atractivo considerable: ¿no era eso de lo que trataba la Revolución, de abolir los privilegios? El «ajuste de cuentas con la burguesía», según la frase favorita de Dzerzhinski, comenzó antes de que la Cheka tomara el control del terror.

Los apartamentos de los ricos fueron objeto de robos y actos vandálicos, se los atacaba en las calles y se abusaba de ellos rutinariamente. La gente se tomaba la venganza por su mano, y la *agitprop* bolchevique los incitaba a ello. A mediados de diciembre, un decreto del Sovnarkom declaró que los que «acaparaban» alimentos o riqueza eran «enemigos del pueblo» e hizo un llamamiento a:

> Una guerra a muerte contra los ricos, los holgazanes y los parásitos, [los ciudadanos deben] limpiar la tierra rusa de todas las alimañas, de las pulgas sinvergüenzas, de los ricos chinches [...]. Por un lado pueden encarcelar a una docena de ricos, a una docena de sinvergüenzas, a media docena de obreros que se escaquean en el trabajo [...], por otro lado saldrán a trabajar limpiando letrinas.

A los ricos y privilegiados se los tachaba de «antiguas personas», se les concedían raciones mucho más reducidas y se los mandaba al final de las colas para conseguir pan. Algunos vástagos de grandes familias aristocráticas murieron de hambre. Las familias de clase media se vieron obligadas a compartir sus hogares con los pobres y a menudo acabaron con las habitaciones más pequeñas de un apartamento más grande; una revolución en la vida doméstica, un nuevo mundo, en el que los criados y los amos intercambiaron literalmente sus lugares. Trotski justificó la noción de venganza de forma contundente, aunque escalofriante: «Durante siglos, nuestros padres y abuelos han estado limpiando la suciedad y la inmundicia de las clases dominantes, pero ahora haremos que limpien nuestra suciedad. Debemos hacerles la vida tan incómoda que pierdan el deseo de seguir siendo burgueses». O, a menudo, perdieron la voluntad de permanecer en Rusia en un nuevo mundo que, sin duda, no estaba hecho para ellos, como proclamó la Constitución de la República en julio de 1918. El Estado se describió oficialmente en un decreto del Sovnarkom como «una dictadura del proletariado urbano y rural y de los más pobres».

A los que habían empleado a más de una persona se les negó el derecho de voto. Muchas de las «antiguas personas» pasaron a la clandestinidad en un intento de resistir hasta que terminara el caos o derrocaran a los bolcheviques, o bien decidieron emigrar. Tomaron barcos para cruzar el mar Negro, trenes a Finlandia y, si podían, a Polonia. El pánico cundió entre la burguesía. Alrededor de tres millones de personas abandonaron el país en los primeros dos años y medio tras la Revolución de Octubre.

Un decreto codificó las ideas bolcheviques de «justicia revolucionaria». De un plumazo, se abolió el sistema legal existente. Aunque se mantuvo el principio zarista de que había un sistema de justicia para los delitos normales contra la propiedad y la persona, y leyes separadas para los delitos contra el Estado. Los «tribunales populares» eran para los delincuentes comunes, juicios *ad hoc* de la turba en los que doce jueces «elegidos», muchos de ellos apenas alfabetizados, dictaminaban más en base a la «conciencia revolucionaria» que sobre los hechos concretos de un caso. Los procesos judiciales no se basaban en pruebas, y los procedimientos se inventaban más o menos sobre la marcha. Se dieron casos de personas condenadas por «denuncias» de vecinos, de implicados en largas rencillas familiares y de mujeres que denunciaban a sus maridos infieles.

Otra nueva creación judicial se tomó de la Revolución francesa: los tribunales revolucionarios. Se ocupaban de los delitos contra el Estado y gozaron de popularidad durante un año más o menos, pero se fueron eliminando con el tiempo. Los juicios públicos se sustituyeron por audiencias a puerta cerrada de diez minutos a cargo de una «troika» de miembros del Partido operada por la Cheka. En el periódico del Partido Comunista *Pravda,* Lenin explicó la teoría en la que se basaba el concepto de justicia revolucionaria:

> Para nosotros no existe, ni puede existir, el viejo sistema de moralidad y «humanidad» inventado por la burguesía con el fin de oprimir y explotar a las «clases inferiores». Nuestra moral es nueva, nuestra humanidad es absoluta, pues descansa en el ideal de destruir toda opresión y coacción. Para nosotros todo está permitido, pues somos los primeros en el mundo en levan-

> tar la espada no en nombre de esclavizar u oprimir a nadie, sino en nombre de liberar a todos de la esclavitud [...]. ¿Sangre? Que haya sangre, si solo ella puede volver escarlata el estandarte gris, blanco y negro del viejo mundo pirático, pues solo la muerte completa y definitiva de ese viejo mundo nos salvará del regreso de los viejos secuaces.

El 21 de febrero de 1918* Lenin promulgó un decreto, «La patria socialista en peligro», escrito en su familiar estilo literario, que permitía a los guardias rojos «fusilar en el acto [...] a agentes enemigos, especuladores, merodeadores, vándalos y agitadores contrarrevolucionarios».

El comisario de Justicia Isaac Steinberg protestó y le dijo a Lenin que unas medidas tan duras «destruirían la revolución». Lenin replicó: «Al contrario [...], ¿cree usted realmente que podemos salir victoriosos sin el terror revolucionario más cruel?».

«Entonces, ¿por qué nos molestamos con un Comisariado de Justicia?», replicó Steinberg. «Llamémoslo con franqueza Comisariado del Exterminio Social y acabemos de una vez». La cara de Lenin se iluminó, según Steinberg, y contestó: «Bien dicho. Eso es exactamente lo que debería ser; pero no podemos decirlo».

—★—

Gran parte de Rusia pasaba hambre y los bolcheviques debían encontrar a un culpable. Desde el primer momento utilizaron como chivo expiatorio a los campesinos. Los bolcheviques no provocaron la crisis alimentaria; la desarticulación de la guerra, un sistema de transportes desmantelado y dos malas cosechas sucesivas fueron causas importantes. Pero las políticas punitivas de compulsión y terror del nuevo régimen en el campo empeoraron las cosas.

Los bolcheviques necesitaban un enemigo. Así que inventaron una nueva clase de rusos —los *kulaks*, o campesinos ri-

* Esta fecha, y todas las fechas a partir de aquí, siguen el calendario gregoriano (occidental). Rusia adoptó el calendario gregoriano en febrero de 1918.

cos— que, según ellos, acaparaban grano y mataban a propósito de hambre al resto del país, sobre todo a las ciudades. La palabra *kulak* significa, literalmente, 'puño' (y se refiere a la gente «de puño cerrado»). En realidad, había muy pocos campesinos ricos en Rusia: un pequeño número poseía una cantidad sustancial de tierras, algunos prestaban dinero a otros campesinos y unos pocos poseían más de un caballo, una vaca o un arado. Menos del dos por ciento de los hogares campesinos empleaban a alguien fuera de su propia familia. La campaña contra los *kulaks* era una prolongación de la guerra de clases que se libraba en las ciudades. Los marxistas rigurosos siempre desconfiaron de la vida rural y del campesinado, una «clase atrasada», todavía semifeudal, que se interponía en el camino del desarrollo histórico hacia el socialismo, según el propio oráculo alemán. La mayoría de los bolcheviques procedían de la *intelligentsia* urbana, que en general despreciaba a los *muzhiks* por formar parte de la vieja Rusia supersticiosa y analfabeta. Los bolcheviques sospechaban —quizá con razón— que el campesinado nunca los apoyaría, a menos que se los coaccionara e intimidara. Antes de la Revolución, los bolcheviques prometieron que los campesinos recibirían las tierras confiscadas a los grandes terratenientes: los nobles, los altos industriales y la Iglesia. Poco se habló de ello tras el golpe.

La escasez de alimentos empeoró durante 1918 y afectó sobre todo a las ciudades, en parte porque el sistema de transporte era tan deficiente que la distribución constituía un gran problema, y en parte por la inflación. El dinero carecía de valor tras la Revolución y los campesinos se negaban a cobrar en metálico. La Casa de Moneda, que había empleado a unas tres mil personas en 1917, pasó a tener una plantilla de trece mil quinientos un año después. «La impresión de dinero era la única industria en crecimiento», dijo Sujanov, no del todo en broma. En un año, el número de rublos en circulación pasó de 60 000 millones a 225 000 millones. Se creó todo un sistema paralelo de pago en especie y trueque. Algunos bolcheviques estrictos, que experimentaban con teorías económicas supuestamente socialistas, pensaban que la inflación era algo bueno porque destruiría la dependencia de la economía del dinero. Lenin no estaba de acuerdo y se dio cuenta de lo que supondría para el valor de todo, pero como tantos otros líderes a lo largo de la historia, se vio impotente para hacer frente a la inflación una vez que esta se había arraigado.

Millones de personas abandonaban las ciudades con la esperanza de que hubiera más alimentos en el campo, y así fue durante un tiempo. Petrogrado perdió dos tercios de su población en dieciocho meses. «Hay caballos muertos tirados en las calles; los perros se los comen», escribió Gorki a su mujer. Muy pronto la gente empezó a comerlos también, en un país donde, a diferencia de Francia en aquella época, la carne de caballo no se consideraba en absoluto un manjar.

Zinaida Gippius dijo que la mayoría de sus amigos, las «antiguas personas», tenían «los estómagos distendidos [...]: en la primavera de 1919 prácticamente todos se habían vuelto irreconocibles». Algunos de los intelectuales estaban «en los registros [...], trabajando para los bolcheviques como pequeños oficinistas. Se les da lo justo para que se mueran de hambre, pero poco a poco».

La respuesta de los bolcheviques a la crisis alimentaria fue el aumento de la coacción. Emprendieron una «batalla por el grano» a principios del verano de 1918, culpando a los *kulaks* y a los «especuladores» del hambre en Rusia. En un discurso radiofónico, Lenin dijo:

> Los *kulaks* son los enemigos rabiosos del pueblo [...]. Estos chupasangres se han enriquecido con el hambre del pueblo. Estas arañas han engordado a costa de los trabajadores. Estas sanguijuelas han chupado la sangre a la clase obrera y se han enriquecido mientras los trabajadores de las ciudades se morían de hambre. ¡Guerra implacable a los *kulaks!* Muerte a todos ellos.

El régimen estableció una tasa fija que el gobierno pagaría por el maíz y otros cereales a precios de mediados de 1916, algo absurdo cuando la inflación se había multiplicado al menos por siete en el último año y medio. Cuando los campesinos se negaron a vender a ese precio, escondieron sus existencias y semillas, o amenazaron

Un joven Stalin en una fotografía tomada hacia 1907, cuando organizaba atracos con el fin de recaudar dinero para los bolcheviques, una práctica que los marxistas llamaban «robar lo que ya ha sido robado».

con volver a plantar cultivos que no estaban cubiertos por los precios fijos, los bolcheviques utilizaron la fuerza. Un Comisariado de Alimentación estableció un sistema de requisas de grano: «Con destacamentos armados de obreros y guardias rojos [...] llevaremos a cabo una guerra despiadada».

Las brigadas de requisición, como se las llamaba, se enviaron a más de veinte mil pueblos durante los dos primeros meses del decreto. Por lo general, estaban formadas por setenta y cinco hombres, armados con ametralladoras, que rodeaban una aldea y exigían a los campesinos que entregaran una cantidad determinada de grano decidida por el cuartel general local del Partido bolchevique. Cualquier campesino que no entregara la cantidad de grano exigida podía ser ejecutado en el acto, y muchos lo fueron. Las brigadas torturaban rutinariamente a los sospechosos hasta encontrar la cantidad «correcta» de grano. Un oficial bolchevique que vio cómo una brigada arrasaba un pueblo de la región de «Tierra Negra», en el sur de Rusia, quedó conmocionado. «Las medidas de extracción recuerdan a una inquisición medieval. Hacen que los campesinos se desnuden y se arrodillen en el suelo, los azotan o golpean, a veces los matan». Lenin sugirió personalmente un giro añadido a la «guerra de clases en las aldeas». Dijo que cuando se infligieran castigos, las brigadas «debían convocar al menos a seis testigos que debían ser elegidos entre la población pobre del vecindario». Hubo casos en los que las brigadas retuvieron a veinte o treinta aldeanos como rehenes hasta que se les entregó la cantidad de grano exigida.

Durante la primera primavera y el primer verano después de tomar el poder, Lenin exigió sin cesar medidas más duras. El 10 de agosto de 1918 escribió a los bolcheviques de la provincia de Penza, al sudeste de Moscú:

> Camaradas, el levantamiento *kulak* en vuestros cinco distritos debe ser aplastado sin piedad. Los intereses de toda la revolución lo exigen, pues ahora se libra la batalla final y decisiva con los *kulaks* en todas partes. Hay que dar ejemplo. 1) Colgad (y digo colgad, para que el pueblo lo vea) a no menos de cien *kulaks* conocidos, hombres ricos, chupasangres. 2) Publicad sus

> nombres. 3) Identificad a los rehenes [...]. Haced esto para que en cientos de kilómetros a la redonda la gente pueda ver, temblar, saber y gritar: están matando y seguirán matando a los *kulaks* chupasangres. Telegrafiad que habéis recibido esto y llevado a cabo (las instrucciones). Atentamente, Lenin. P. D.: Encontrad gente más dura.

Al menos dos mil setecientos aldeanos, puede que muchos más, murieron asesinados durante el primer año de requisas de alimentos. Se incendiaron aldeas enteras o se confiscaron las semillas utilizadas para plantar la cosecha del año siguiente, lo que dejó a los campesinos en la indigencia. La «batalla por el grano» se justificaba porque pacificaría la Rusia rural y «este es el significado de la dictadura del proletariado», insistía Lenin. Enviaron a Iósif Stalin —una figura de creciente importancia en el Sovnarkom junto a Lenin, Trotski y Sverdlov— a Tsaritsin (más tarde rebautizada como Stalingrado; pero entonces, como ahora, Volgogrado) en junio de 1918 para asegurar el suministro de alimentos. Purgó la ciudad de cualquier sospechoso de ser contrarrevolucionario. Lenin no tuvo suficiente con eso y le ordenó que fuera todavía más despiadado: «No tengas piedad», le telegrafió. Stalin no tardó en responder: «Ten la seguridad de que no nos temblará la mano».

Sin embargo, la campaña tuvo poco efecto en el suministro de alimentos de Rusia. En el primer año, las requisas produjeron poco grano de más. Incluso según las cifras oficiales del gobierno, las brigadas alimentarias recogieron solo unas 570 000 toneladas de una cosecha total de 49 millones. Más tarde, Lenin puso fin a las brigadas alimentarias y a su retórica contra los campesinos. Intentó una táctica diferente para ponerlos de su lado. No obstante, las campañas contra los campesinos y la coacción a punta de pistola a fin de que produjeran para el Estado se convirtieron en una característica de la vida soviética durante las décadas siguientes. El ejemplo más extremo sería la hambruna que Stalin provocó deliberadamente en Ucrania en 1932-1933.

12

GUERRA CIVIL: ROJOS Y BLANCOS

12

GUERRA CIVIL: ROJOS Y BLANCOS

Mientras que el golpe en Petrogrado en general había sido pacífico, en Moscú hubo combates durante casi dos semanas entre los guardias rojos y las tropas leales a Kérenski. Alrededor de mil personas habían muerto, en su mayoría soldados y algunos civiles atrapados en el fuego cruzado. Cuando los bolcheviques trasladaron la capital rusa de Petrogrado a Moscú el 10 de marzo de 1918 —porque les preocupaba que, a pesar del tratado de paz, los alemanes (que controlaban grandes extensiones de lo que había sido el Imperio ruso) pudieran marchar fácilmente sobre Petrogrado—, en la plaza Roja y en muchas calles de los alrededores todavía yacían escombros. Algunos de los mejores edificios antiguos de Moscú, incluida la catedral de San Basilio, habían sufrido graves daños. El estuco de varios de los palacios y mansiones más grandes estaba salpicado de agujeros de bala. Un contragolpe de los socialrevolucionarios de izquierdas, antaño aliados de los bolcheviques, pero enemigos acérrimos desde el acuerdo de paz con los alemanes y las brutales campañas del régimen contra los campesinos, fue reprimido, pero no antes de que se retuviera a Dzerzhinski como rehén.

La oposición armada más importante contra el régimen acabó aglutinándose en torno a un grupo de ejércitos conocidos como los «blancos». Lenin volvía a tener suerte con su enemigo. A diferencia de los bolcheviques, que a pesar de algunas escisiones ideológicas poseían una dirección unificada, los blancos estaban fragmentados; había tres ejércitos principales separados por miles de kilómetros. Incluso cuando lograban comunicarse a través de tan vastas distancias, sus líderes solían detestarse y tenían grandes desacuerdos sobre estrategia y táctica. Hubo todo tipo de razones prácticas y militares por las que los blancos perdieron la guerra: controlaban una población menor en la que reclutar y sus problemas con las comunicaciones eran insalvables. Sin embargo, la razón principal era más profunda: los blancos estaban anclados en el pasado. Como dijo Marina Tsvetáyeva, una de sus apasionadas devotas, eran «el último sueño del viejo mundo». Puede que la mayoría de los rusos —y de los grupos minoritarios del Imperio, desde Finlandia hasta el Cáucaso— aborrecieran y temieran a los bolcheviques, pero tampoco querían volver al pasado. «No propusimos ni una sola idea nueva», reconoció uno de los propios líderes de los blancos, Vasili Shulgin, en el verano de 1919. Y cuando después de dos años y medio, con millones de muertos por la guerra, las enfermedades y el hambre, cayeron derrotados, la mayoría reconoció por qué. «Su psicología de régimen antiguo impidió a los blancos enfrentarse al nuevo mundo que las revoluciones habían creado», dijo años después Piotr Struve, antaño

Trotski creó el Ejército Rojo a partir de las ruinas de la fuerza desmoralizada y derrotada en la Primera Guerra Mundial. Aquí exhorta a las tropas durante la Guerra Civil en 1919.

socialista de extrema izquierda y amigo de Lenin, que se había convertido en un moderado reformista.

> Se comportaron como si no hubiera pasado nada, cuando en realidad todo el mundo a su alrededor se había derrumbado y, para derrotar al enemigo, ellos mismos tuvieron que experimentar un renacimiento [...]. En la tormenta revolucionaria que azotó Rusia en 1917, incluso los restauradores [monárquicos] redomados tuvieron que convertirse en revolucionarios [...] porque en una revolución solo los revolucionarios pueden encontrar su camino.

—★—

Trotski asumió el mando del nuevo Ejército Rojo de los bolcheviques. Para los marxistas ortodoxos, la idea misma de un ejército permanente era anatema: los ejércitos habían existido para oprimir a la clase obrera e impedir la revolución. Pero era necesario. Trotski se dio cuenta de que los bolcheviques no podían confiar en un batiburrillo de antiguos soldados rasos, que acababan de sufrir una derrota en una guerra, y de obreros fabriles sin entrenamiento como los guardias rojos. Necesitaban una unidad competente cuanto antes y la única forma era utilizar a oficiales zaristas con experiencia para establecer una fuerza, entrenar a los demás rangos con rapidez y luego dirigirlos. Muchos bolcheviques del ejército existente y miembros del Partido objetaron que a) se estaba dando un trato especial a los «enemigos de clase» antes que a su propio pueblo y b) los oficiales zaristas traicionarían al régimen si se les diera media oportunidad. Pero Lenin apoyó a Trotski y entre ambos construyeron una unidad eficiente.

El Ejército Rojo estaba formado por el cuerpo de oficiales zaristas. Más de ocho mil se presentaron voluntarios inmediatamente después de la Revolución, entre ellos unos cincuenta generales. Eran en su mayoría soldados profesionales que servirían a un gobierno civil, fuera cual fuera su política. Muchos se habían alistado antes de la firma del Tratado de Brest-Litovsk, cuando parecía que los alemanes podrían arrasar Rusia, y actuaron por patriotismo. Otros querían estar en el bando ganador y apostaron por los bolcheviques.

Cada vez más voluntarios se enrolaron cuando pudieron ver que el Ejército Rojo se estaba convirtiendo en un equipo profesional. En total, más de cincuenta mil oficiales zaristas se unieron a los rojos en la Guerra Civil, la mayoría de ellos porque retenían a sus familias como rehenes si no lo hacían. Se les dijo que un comisario los vigilaría y que si cometían algún acto sospechoso los fusilarían y/o arrestarían a sus familias. Solo se reclutaba a los que tenían parientes en Rusia. La «Orden Especial n.º 30» de Trotski de septiembre de 1918 decía: «Que los traidores se den cuenta de que al mismo tiempo están traicionando a sus propios [...] padres, madres, hermanas, hermanos, esposas e hijos».

Trotski era un disciplinario duro que de manera rutinaria mandaba ejecutar a la gente. La idea de que en principio era una figura más pacífica y tolerante que Stalin es del todo inexacta y se basa en su propia reescritura de la historia después de perder el poder y tener que exiliarse. Sin embargo, era resolutivo y tenía una mente clara y lógica. Muchos miembros del Partido lo detestaban por su arrogancia, altanería, fanfarronería y sus uniformes bien planchados, pero nadie podía negar su energía ni su espectacularidad. Atravesó Rusia en su tren especial, equipado con una imprenta, telégrafos, una orquesta y un equipo de rodaje, y ofreció actuaciones electrizantes para reunir a unas tropas a menudo hastiadas y poco dispuestas. Era el jefe de persuasión del Ejército Rojo.

—★—

Los blancos contaban con algunos líderes militares competentes. Antón Denikin, jefe del Ejército Voluntario en el sur, era un táctico brillante, al igual que el barón Piotr Wrangel. Pero se peleaban entre ellos. Algunos querían recuperar la monarquía, la mayoría quería devolver los latifundios a los terratenientes anteriores a 1917, unos pocos querían una democracia al estilo occidental. Ninguno quería la independencia de las naciones dentro del Imperio ruso. Técnicamente, el comandante de los blancos de mayor rango, Aleksandr Kolchak, con base en Siberia —que se hacía llamar de manera grandilocuente «Líder Supremo de Rusia Oriental y Siberia»— recibió presiones de diversos grupos nacionalistas para que hiciera alguna concesión. No obstante, siempre se negó, llegando a decir que «la historia nunca me perdonaría si renunciara a lo que ganó Pedro el Grande». No obtuvieron ningún apoyo real en Ucrania, Crimea o el Cáucaso. Finlandia y los Estados bálticos fueron neutrales en la Guerra Civil, lo que supuso una gran bendición para los bolcheviques, que prometieron a las nacionalidades de todo; unas libertades que sabían que, en caso de victoria, nunca cumplirían. Los blancos ofrecían muy poco y cada vez les costaba más reclutar soldados. Al igual que los rojos, tuvieron que llamar a filas a soldados, utilizaron equipos de prensa y recurrieron al terror.

—★—

Ambos bandos dieron rienda suelta a la barbarie durante la guerra civil rusa. Es imposible obtener cifras exactas de bajas, pero probablemente ascendieron a entre cinco y seis millones de muertos. Ni los rojos ni los blancos podían confiar en la lealtad de la población bajo su control. En general, la población civil —en su mayoría campesinos— percibía a los bandos como una «plaga en ambas casas». Odiaban las requisas bolcheviques de grano, pero los blancos nunca aceptaron que hubiera habido una revolución en el campo; la mayoría de los blancos querían dar marcha atrás y devolver las fincas a los antiguos terratenientes. Todos obligaron a los civiles a unirse a sus ejércitos, pero los campesinos no querían luchar. Millones votaron con los pies y desertaron de ambos bandos.

El mando central bolchevique en Moscú desbordaba a los comandantes locales del Ejército Rojo y a los jefes del Partido Comunista con directivas y telegramas diseñados para motivar o aterrorizar. Lenin despachaba telegramas a diario con la palabra «fusilar» repetida de forma alarmante y casual. Su lectura es de lo más espeluznante. En septiembre de 1918 dijo al jefe del Partido en Sarátov: «Nombrad temporalmente a vuestros propios comandantes del ejército y fusilad a los conspiradores y a los indecisos sin preguntar a nadie y sin estúpida burocracia». Unos días después escribió a los dirigentes del sóviet en el Cáucaso: «Si hay una ofensiva en Bakú [donde había grandes refinerías de petróleo], preparaos para incendiarla totalmente». Cuando sitiaron Kazán un mes más tarde, telegrafió a Trotski: «No se debe tener piedad de la ciudad y aplazar el asunto por más tiempo [...]: la aniquilación implacable es vital una vez que se ha comprobado que Kazán está encerrada en un anillo de hierro». Ordenó a un comandante que «la toma de rehenes de la burguesía y de las familias de los oficiales debe intensificarse en vista del aumento de los casos de traición».

Los historiadores han escrito mucho sobre la brutalidad de los bolcheviques, y existen muchos ejemplos. A menudo, a lo largo de los años, las atrocidades cometidas por los blancos se han ignorado o excusado. Sin embargo, uno se pregunta si, de haber ganado los blancos la Guerra Civil —uno de los grandes «si» contrafácticos de la historia—, el sufrimiento de los campesinos y obreros rusos habría sido mucho menor de lo que resultó ser, al menos a corto y medio plazo. Los blancos estaban probablemente demasiado desorganizados y desunidos para formar un estado totalitario, pero una atroz tiranía de algún tipo no hubiera estado nada desencaminada. Muy pocas de sus principales personalidades eran liberales decentes con tendencias democráticas.

Para partidarios como Tsvetáyeva, los blancos eran «la juventud y la gloria de Rusia». Pero a la mayoría de los rusos les parecían tan salvajes como los bolcheviques. Los blancos, como dijo un observador estadounidense de la guerra, «rara vez se elevaron por encima del caudillismo anárquico». Kérenski estaba de acuerdo. En el verano de 1919 dijo: «No hay crimen que los [ejércitos blancos] no cometan [...], a menudo han azotado a la población de pueblos enteros, incluidos los maestros e intelectuales».

En un pueblo, Lezhanka, cerca de Rostov, los oficiales masacraron a sangre fría a sesenta campesinos, entre ellos ancianos y mujeres. Desnudaron y azotaron a cientos de aldeanos mientras otros grupos de oficiales del Ejército de Voluntarios se quedaban mirando, muchos de ellos riéndose. Se trataba de un ataque rutinario; hubo decenas de incidentes parecidos. «No habíamos traído con nosotros el perdón y la paz, sino solo la cruel espada de la venganza», admitió el barón Wrangel en el exilio.

Como tantas veces en la historia rusa, los judíos fueron el objetivo directo. En un momento dado, en el verano de 1919, el Ejército de Voluntarios de Denikin llegó a un punto situado a solo cuatrocientos kilómetros de Moscú. No lograron avanzar más. Estaban desbordados, no podían mantener sus líneas de suministro y, cuando se enfrentaron a un contraataque, se vieron obligados a retirarse. En el repliegue, el ejército lanzó una oleada de pogromos sangrientos. El comandante no hizo nada para detenerlos mientras sus oficiales políticos vomitaban propaganda antisemita: todos los comunistas eran judíos, fueron los judíos quienes asesinaron al zar. Trotski —«de nombre real Bronstein, el asesino de masas judío»— fue señalado como el archicriminal. Se culpaba del bolchevismo a los judíos, por lo que según la propaganda de los blancos era legítimo masacrarlos. Entre el 1 y el 5 de octubre de 1919, el barrio judío de Kiev sufrió un ataque. Los soldados exigieron dinero, mataron y violaron mientras sus oficiales los instigaban a seguir: «Los judíos están matando a nuestra gente y todos ellos apoyan a los bolcheviques», dijo un oficial a sus hombres.* En Chernóbil metieron a los judíos en la sinagoga y le prendieron fuego. Mientras los derrotaban los bolcheviques, los blancos masacraron a unos ciento cincuenta mil civiles.

Los rojos también llevaron a cabo algunos pogromos, aunque en una cantidad casi insignificante comparada con el salvajismo orquestado por el Ejército Voluntario, y Lenin destituía a los oficiales si oía siquiera un rumor de su implicación. Lenin era muchas cosas poco agradables y, como hemos visto, no sentía ningún escrúpulo contra el uso de métodos violentos; pero no era antisemita.

—★—

Los aliados occidentales financiaron a los blancos con grandes cantidades de dinero y armas, y mintieron sobre ello. Apoyaron a los blancos, pero tan a medias que su intervención no supuso ninguna diferencia.

* Coronel Vasili Lupokhin, citado en Geoffrey Swain, *The Russian Civil War* (The History Press, Londres, 2008).

Creían que su participación estaba justificada. La paz de Brest-Litovsk había roto los tratados con Gran Bretaña y Francia. Los alemanes habían trasladado al frente occidental los regimientos que luchaban en el Este. Los bolcheviques se habían apoderado de grandes cantidades de activos extranjeros, incluidos los de muchas empresas estadounidenses. Se negaban a pagar los préstamos contraídos por el gobierno zarista. Amenazaban con extender la revolución mediante campañas de propaganda y subversión por todo el mundo. Se los consideraba peligrosos, pero los aliados no se ponían de acuerdo sobre qué hacer con ellos.

A las pocas semanas de la Revolución de Octubre, los británicos habían decidido que ayudarían a los blancos. Tenían unos cuantos miles de soldados en los puertos de Arcángel y Múrmansk, en el norte de Rusia, que llevaban allí desde el comienzo de la Primera Guerra Mundial para asegurar el abastecimiento al ejército ruso. Tras el golpe bolchevique, permanecieron allí durante la mayor parte de la Guerra Civil, con ocasionales enfrentamientos con el Ejército Rojo, pero llevando suministros ahora a Kolchak y Denikin. Oficialmente afirmaban ser neutrales y negaban estar ayudando a los blancos, pero no engañaban a nadie, y desde luego no a los bolcheviques. Los británicos eran, con diferencia, los mayores financiadores de los blancos. En total les dieron más de cien millones de libras, una suma enorme en aquella época. También enviaron a varios espías para ayudar a montar complots con el fin de socavar el Gobierno bolchevique.

Los estadounidenses también mintieron, sobre todo para ocultar la verdad a su propio pueblo, más que para engañar a los rusos. El presidente Woodrow Wilson y el secretario de Estado Robert Lansing —un *cold warrior* antes de que la Guerra Fría diera sentido al término— querían ayudar a los blancos, pero en secreto y de forma poco legal. La ley estadounidense prohibía al Gobierno conceder préstamos a ejércitos independientes. Lansing ideó un plan consistente en prestar dinero a británicos y franceses para que se lo pasaran a los blancos. Un pequeño cuerpo de tropas estadounidenses se desplazó a Arcángel durante unos meses en el verano de 1918 y doscientos soldados estadounidenses murieron luchando contra los bolcheviques.

Pese a todo, Wilson y el primer ministro británico David Lloyd George eran reacios a comprometerse demasiado mientras aún hubiera una guerra que ganar contra Alemania. Y cuando terminó la Primera Guerra Mundial, ya era demasiado tarde. Aprobaron dinero para los blancos y alentaron a la brigada checa, un ejército de casi cuarenta mil soldados que debía cruzar Rusia hacia el este en su camino de regreso a Europa, a luchar contra los bolcheviques. No se comprometieron más que eso.

En su lugar, Wilson intentó la diplomacia. Propuso una conferencia de paz a principios de 1919 entre los rojos y los blancos. Los bolcheviques al menos estaban dispuestos a enviar una delegación a las negociaciones, temerosos de que, con la guerra contra Alemania ganada, los aliados combinaran fuerzas con los blancos para destruir el régimen soviético. En privado y entre camaradas, Lenin dijo que estaría dispuesto a llegar a un acuerdo de compromiso con los blancos. Pero Kolchak se negó. Los blancos no discutirían ningún acuerdo que implicara la concesión de cualquier medida de independencia a las nacionalidades.

Su postura exasperó a Wilson, que en ese momento se encontraba en la Conferencia de Paz de París en la que proponía conceder la autodeterminación a una serie de nuevos países surgidos de las cenizas de los imperios austriaco y otomano. Los estadounidenses y los británicos abandonaron a los blancos, que en realidad habían perdido cualquier posibilidad de ganar la guerra desde el principio. A mediados del verano de 1919 estaban derrotados, aunque algunos grupos aislados siguieron luchando durante unos dieciocho meses más. A pesar de que ya no temían un ataque exterior, los bolcheviques mantuvieron un «cordón sanitario» alrededor de Rusia y un bloqueo económico; el régimen no se reconocería internacionalmente hasta la década de los años treinta. A pesar de su victoria sobre los blancos, los rojos seguían enfrentándose a oponentes internos, a los que podían engatusar, engañar, intimidar o, por último, aterrorizar hasta la sumisión.

Víctimas rojas de los blancos, Siberia, *c.* 1918. Alrededor de 450 000 personas murieron en los combates o a causa de enfermedades durante la guerra civil rusa, pero las muertes provocadas por la guerra se contarían por millones.

13

ESTADO DE TERROR

13

ESTADO DE TERROR

Tras años de guerra mundial y guerra civil, caos económico, inflación, hambruna para millones de personas y revolución, la violencia en Rusia durante los primeros años soviéticos era rutinaria y casual. Las calles de Petrogrado, Moscú y la mayoría de las ciudades rusas no resultaban seguras. En las zonas rurales —la mayor parte del Imperio ruso— la abolición de los latifundios privados vino acompañada de un enorme derramamiento de sangre, y la socialización de la tierra y la «batalla por el grano» traerían aún más víctimas. Los bolcheviques utilizaron la violencia sin piedad y la convirtieron en una ideología. «Siempre estuvimos a favor de la guerra revolucionaria. La bayoneta es una necesidad esencial para introducir el comunismo», señaló uno de los más inteligentes entre los primeros bolcheviques, Karl Radek (que estuvo en el «tren sellado» con Lenin en 1917, pero murió de forma violenta en un campo de trabajo bajo el régimen de Stalin). El uso de la violencia política en Rusia era endémico; los bolcheviques no la introdujeron, pero sí la industrializaron.

La vida no valía demasiado, y eso se aplicaba tanto a la realeza como a los nuevos magnates del comunismo. Cinco semanas después de que el antiguo zar Nicolás y su familia más cercana fueran asesinados la noche del 16 de julio de 1918 en un húmedo sótano de Ekaterimburgo, un intento de asesinato estuvo a punto de acabar con la vida de Lenin en una fábrica de Moscú.

Nunca ha habido pruebas documentales que demuestren que Lenin dio la orden de asesinar a los Románov. Los bolcheviques

El sótano de la casa Ipatiev en Ekaterimburgo, donde el zar y toda su familia murieron asesinados en julio de 1918.

afirmaron que fueron funcionarios «locales» del Partido en los Urales quienes sancionaron y ejecutaron el espantoso acto y durante muchos años negaron que la esposa, el hijo y las hijas del zar hubieran muerto con él. Pero no cabe la menor duda de que Lenin y su número dos en aquel momento, Sverdlov, autorizaron los asesinatos. Una decisión política de esa magnitud nunca se habría tomado sin su visto bueno. Y, como de costumbre, fue Trotski quien ofreció la explicación más sencilla y persuasiva para justificarla.

> Se pensó que no debíamos dejar a los blancos una pancarta viva en torno a la que agruparse [...]. La decisión no solo era oportuna, sino necesaria. Demostró a todo el mundo que seguiríamos luchando sin detenernos ante nada. Era necesaria, no solo para asustar, horrorizar e infundir un sentimiento de desesperanza en el enemigo, sino para agitar nuestras propias filas, para mostrar que no había marcha atrás, que por delante estaba la victoria total o la derrota total.

Yákov Yurovski, carcelero jefe de los Románov durante sus meses de cautiverio en Ekaterimburgo. Yurovski también dirigió el pelotón de fusilamiento que mató a la familia real rusa.

Cuando dispararon a Lenin a finales de agosto de 1918, no había pruebas de que se tratara de un complot de los socialrevolucionarios de izquierdas, como siempre ha parecido plausible, o de que fuera —con mayor probabilidad— obra de una única pistolera, Fanni Kaplán, ejecutada sumariamente dos días después. Una bala atravesó el cuerpo de Lenin y no alcanzó la arteria principal que riega el corazón por un par de centímetros. Otra bala se alojó en su cuello, donde los médicos la dejaron durante algún tiempo. A corto plazo se recuperó con bastante rapidez de sus heridas, pero los episodios de mala salud que acabaron en las apoplejías que lo mataron a principios de 1924 se remontan al intento de asesinato. En sus dos últimos años quedó incapacitado física y mentalmente, postrado en una silla de ruedas e incapaz de hablar o utilizar su brazo derecho durante largos periodos.

—★—

El terror como arma política organizada comenzó justo después del atentado contra el líder en agosto de 1918. Los bolcheviques habían «hecho desaparecer» a opositores tras octubre de 1917, pero de forma fortuita e imprevisible, y el número de víctimas fue relativamente pequeño, de unos pocos centenares en los primeros nueve meses. A partir de entonces, sin embargo, el terror se aplicaría a gran escala. En el momento de la ejecución de Fanni Kaplán, los bolcheviques habían iniciado una oleada de violencia vengativa que recorrería las principales ciudades y pueblos.

La Cheka estaba desatada. En Petrogrado ejecutaron a quinientos prisioneros dos días después del atentado contra Lenin. La semana siguiente fueron trescientos más. Se fusiló en público a antiguos funcionarios zaristas y socialrevolucionarios. En Nizhni Nóvgorod, cuarenta y una personas murieron en la tarde siguiente al tiroteo contra Lenin. Se publicaron sus nombres y la Cheka local advirtió que «a cada asesinato de un comunista o intento de asesinato responderemos fusilando a rehenes burgueses». Lo mismo ocurría en todo el país. En total se dictaron 6185 sentencias de muerte en los dos meses posteriores al atentado, pero sin duda murieron muchas más personas. A partir de ese momento, la Cheka ya casi no tuvo restricciones. El mensaje era que podían hacer más o menos lo que quisieran.

El terror llegó a ser tan indiscriminado que llegaron a masacrar a algunas personas por una equivocación espantosa. Durante una reunión del Sovnarkom en octubre de 1919, los comisarios discutían la inversión en ferrocarriles. En mitad del debate, Lenin escribió una nota a Dzerzhinski preguntándole: «¿Cuántos contrarrevolucionarios peligrosos tenemos en prisión?». El jefe de la Cheka garabateó una respuesta: «Alrededor de 1500», y devolvió la nota a Lenin, que la leyó, puso una X junto a la respuesta y se la entregó de nuevo a Dzerzhinski. Esa noche fueron ejecutados cientos de prisioneros en Moscú. Como explicó más tarde su secretaria, Lidia Fotieva, Lenin no había ordenado que los mataran. A veces ponía una cruz junto a documentos que había visto simplemente para mostrar que había leído la información y tomada nota.

Tan habitual se había vuelto la imposición de la justicia revolucionaria que este espantoso error apenas causó conmoción. Todo formaba parte del «comunismo de guerra» que durante décadas existiría en la rebautizada Unión de Repúblicas Socialistas Soviéticas junto con el racionamiento, la requisa de tierras, la guerra contra los *kulaks,* el uso rutinario de mano de obra esclava para construir proyectos de infraestructuras y la construcción de los campos del sistema gulag.

Al principio, el Terror Rojo se diseñó para acobardar a la burguesía y someter a los opositores hasta la sumisión, pero como predijo el radical ruso del siglo XIX Aleksandr Herzen, «la revolución devora a sus hijos sin piedad». Pronto se comenzó a purgar a los miembros leales del Partido, un proceso que comenzó, de forma bastante típica, con un protocolo secreto que nunca se discutió entre la mayoría de los dirigentes. Los bolcheviques siempre habían hecho hincapié en el orden y la obediencia al Partido por encima de cualquier otro principio, desde la época del *¿Qué hacer?* de 1902 en adelante. La base de la estructura del Partido, tal y como la creó Lenin, se construyó sobre el concepto de «centralismo democrático» (no hay ironía en la segunda palabra). Cada nivel del

Partido, desde la célula más pequeña de una fábrica hasta el Comité Central, obedece las decisiones del nivel superior, una regla que se aplica rígida y literalmente hasta la muerte. En 1920 Lenin redactó él mismo una resolución «Sobre la unidad del Partido», mantenida en secreto durante muchos años. Prohibía todas las facciones y agrupaciones independientes que no estuvieran reconocidas por el órgano supremo del Kremlin, el Politburó, so pena de expulsión inmediata del Partido, sin posibilidad de apelación. «No se tolerará ninguna facción de ningún tipo», decía. Esto iba a tener las consecuencias más graves para millones de comunistas leales durante las décadas siguientes. Fue el arma principal que Stalin utilizaría contra los «desviacionistas» o contra cualquiera que percibiera como opositor, aunque la introdujo Lenin.*

—★—

El hambre no era infrecuente en Rusia. Había habido hambrunas en 1906 y el año anterior a la Primera Guerra Mundial. Pero la gran hambruna del Volga de 1921 fue, con mucho, la peor desde el horror que un joven Vladímir Uliánov había presenciado en su región natal de la Rusia rural en 1891 y 1892. Una mala cosecha en 1920, seguida de fuertes heladas y un verano sofocante, supusieron graves desastres naturales. Sin embargo, la catástrofe del año siguiente estuvo causada más por el hombre que por la naturaleza.

La razón principal fue la política continuada de requisas de grano del régimen soviético. Los campesinos se habían acostumbrado a mantener reservas para sobrevivir en épocas de malas cosechas. Ahora cultivaban lo justo para subsistir, alimentar a su ganado y guardar suficientes semillas para sembrar la siguiente cosecha. ¿De qué servía producir más si los bolcheviques se lo llevaban todo? En 1920, la superficie sembrada de la región del Volga había disminuido un veinticinco por ciento en tres años. Cuando llegaba una mala cosecha ya no había reservas.

* Para quienes piensen que esto es antediluviano, una pieza de museo de ideología arcana, todavía figura una cláusula similar —casi exacta palabra por palabra— en el libro de normas del Partido Comunista Chino.

La región del Volga fue la más afectada, pero hubo hambrunas masivas en Ucrania, los Urales y Kazajistán. En la provincia de Samara se estimó que dos millones de personas murieron de inanición, más de dos tercios de la población; alrededor de setecientas mil murieron en los dos años siguientes. Una cuarta parte del campesinado ruso pasaba hambre, pero durante más de un año el gobierno negó que existiera un problema significativo. Se prohibió en la prensa el uso de las palabras «hambruna» e «inanición». Se dejó en manos de unos pocos el inicio de los esfuerzos de socorro. Gorki pidió ayuda internacional y Herbert Hoover, que unos años más tarde se convertiría en presidente de Estados Unidos, ofreció ayuda de la Administración de Estados Unidos para el Auxilio, que estaba alimentando a millones de personas en Europa occidental.

Al principio, los bolcheviques rechazaron cualquier tipo de ayuda, pero cedieron al ver que denegarla los dejaría en un mal lugar internacionalmente. No obstante, la Cheka no dejó de espiar a los cooperantes.

Campesinos hambrientos en la región del Volga, en 1921-1922. La sequía, junto con los trastornos agrícolas causados por la Revolución y la Guerra Civil, provocaron una hambruna catastrófica en Rusia en 1921.

La hambruna vino acompañada de revueltas campesinas en todo el país. El Ejército Rojo reprimió docenas de rebeliones en 1920-1921, y recibió autorización para utilizar gas venenoso en algunas zonas contra bandas de campesinos armados con unos cientos de fusiles.

—★—

La única institución que siguió resistiendo fue la Iglesia ortodoxa. El cristianismo y el comunismo de los bolcheviques estaban destinados a chocar, tarde o temprano. Durante los tres primeros años, el régimen fue prudente y se apoyó en la propaganda. Tras la derrota de los blancos y la pacificación de los campesinos rebeldes, los bolcheviques aprovecharon para atacar a la Iglesia, con la esperanza de ganarse el apoyo popular.

Bajo el antiguo régimen, la Iglesia tenía una posición única de inmenso poder tanto temporal como espiritual. Solo la fe ortodoxa tenía derecho a ejercer el proselitismo; recibía generosas subvenciones estatales que pagaban la mayor parte de los salarios de cuarenta y cinco mil párrocos y financiaban miles de monasterios. Era uno de los mayores terratenientes de Rusia. La asistencia a la iglesia había descendido en picado desde la década anterior a la Revolución de Febrero, pero Rusia seguía siendo un país de mayoría ortodoxa. La ortodoxia y el zarismo estaban unidos por un vínculo inseparable. La Iglesia era, de hecho, un departamento del Estado, con su propio ministro. Históricamente, su política era ultrarreaccionaria. Uno de los primeros decretos de los bolcheviques separaba la Iglesia del Estado, reconocía los matrimonios civiles, prohibía la enseñanza de la religión en las escuelas públicas y retiraba a la Iglesia toda la financiación estatal, unas medidas bastante moderadas en una revolución dirigida por ateos fanáticos. Un nuevo patriarca, el metropolitano de Moscú, Tijón, optó por enfrentarse a los bolcheviques desde el principio. Deploró a «estos monstruos de la raza humana [...], los enemigos manifiestos y encubiertos [...] de Cristo que han comenzado a perseguir a la Iglesia y se esfuerzan por destruir la causa de Cristo».

Hubo algunos ataques aislados contra sacerdotes, pero en esta etapa no constituían la política oficial. Lenin fue bastante específico en sus instrucciones a la Cheka, que consistían en dejar en paz a la Iglesia, de momento. «Tened mucho cuidado al tratar con la Iglesia. No os precipitéis. Llegará el momento de esta batalla, pero esperad», escribió a Dzerzhinski a principios de 1918. Cuando Tijón «anatematizó» a los líderes comunistas, estos se limitaron a ignorar al prelado.

En el verano de 1919, el Gobierno comenzó a confiscar tierras y propiedades de la Iglesia, como ya había hecho con los grandes terratenientes. El régimen introdujo normas más duras contra la enseñanza de la religión en lugares públicos, como los parques. Tijón se quejó de que «esto pretende hacer imposible la existencia misma de las iglesias, las instituciones eclesiásticas y el clero». Se lo sometió a arresto domiciliario durante unos meses y se detuvo a unos cien sacerdotes.

Entonces llegó la hambruna y Lenin vio la oportunidad de atacar. Tijón se ofreció a entregar al Estado una importante cantidad de dinero y «el tesoro de la iglesia, excepto los vasos sagrados consagrados» para aliviar la hambruna. En el verano de 1921, Lenin lanzó una campaña de propaganda a través de la prensa diciendo que la Iglesia estaba «acaparando sus tesoros» y exigiendo que entregara más de su «riqueza oculta [...] para que podamos convertir el oro en pan». Si se negaba, le confiscarían los bienes. Cuando Tijón replicó que sería un sacrilegio utilizar objetos consagrados para fines seculares, Lenin envió a oficiales de la Cheka a saquear las iglesias.

Lenin utilizó a propósito la hambruna como excusa para lanzar un asalto contra el clero. «Es precisamente ahora, cuando en las regiones hambrientas la gente está comiendo carne humana y miles de cadáveres se esparcen por las carreteras [...], cuando debemos llevar a cabo la confiscación de los objetos de valor de las iglesias, con la energía más despiadada, y aplastar cualquier resistencia», escribió Lenin en una carta a un magnate del Partido mantenida en secreto hasta el colapso de la Unión Soviética en 1991.

> Es ahora, y solo ahora, cuando la masa campesina estará a nuestro favor, o en todo caso no estará en condiciones de respaldar al clero [...]. No podremos hacerlo más tarde porque ningún otro momento, salvo el del hambre desesperada, nos dará apoyo entre las masas. Las confiscaciones deben llevarse a cabo con una determinación despiadada [...]: cuanto mayor sea el número de clérigos y burgueses reaccionarios que logremos ejecutar por este motivo [es decir, oponerse al saqueo de las iglesias], mejor. Debemos dar una lección a esta gente para que no se atrevan ni a pensar en resistir durante décadas.

Este fue el violento comienzo de la supresión de la religión, que durante los quince años siguientes vio cómo se cerraban más del noventa y siete por ciento de las iglesias, sinagogas y mezquitas de la Unión Soviética. A los dos años del edicto de Lenin, más de treinta obispos y mil doscientos sacerdotes habían muerto asesinados y varios miles estaban en la cárcel.

—★—

Para muchos viejos socialistas idealistas en Rusia y en el extranjero, el acontecimiento que más hizo añicos las esperanzas y los sueños de libertad bajo la Revolución fue la brutal represión de los marineros en la base naval de Kronstadt. Habían desempeñado un papel importante en la propaganda bolchevique como vanguardia que había ganado el poder para los bolcheviques. Los marineros de Kronstadt formaban la tripulación del crucero *Aurora,* que había bombardeado el Palacio de Invierno. Muchos de ellos se habían convertido en guardias rojos durante la Guerra Civil. Se los consideraba los hombres duros y radicales del Partido bolchevique, totalmente leales a la causa y a la dirección. Trotski los llamó «el orgullo y la alegría de la Revolución». Lenin dijo que cuando la Revolución estaba en peligro «no podemos fracasar porque tenemos a los marineros con nosotros».

Los marineros de Kronstadt comenzaron a mostrar su disconformidad a finales de 1920. Sus quejas empezaron con demandas económicas para conseguir mejores raciones y medidas para aliviar la escasez de alimentos que sufrían sus familias en los pueblos y en las zonas obreras de las ciudades. Se trataba de críticas aceptables. Fue en el momento en que empezaron a hacer reivindicaciones políticas cuando chocaron con el régimen.

El 28 de febrero de 1921, una reunión masiva de marineros de dos acorazados, el *Petropavlovsk* y el *Sevastopol,* redactó una resolución exigiendo elecciones libres a un nuevo parlamento, sindicatos libres e independientes del Partido Comunista, una prensa libre, la abolición de la Cheka, y una serie de otras reformas ampliamente democráticas. Al día siguiente hubo una manifestación de dieciséis mil marineros en el centro de la ciudad-cuartel de Kronstadt, donde el joven que se convirtió en el líder de los marineros, un contramaestre de veintiún años del *Sevastopol,* Stepan Petrichenko, leyó de nuevo las reivindicaciones.

Un pequeño grupo de marineros tomó la imprenta pacíficamente y comenzó a publicar un periódico, el *Kronstadt Izvestia.* En ningún momento amenazaron con la violencia ni se movilizaron contra Petrogrado, que podrían haber bombardeado desde sus baterías de cañones o bloqueado si hubieran querido. No habían planeado ningún levantamiento; el suyo fue una expresión espontánea de decepción e ira. Pero los magnates del Kremlin enseguida los vieron como una amenaza. Trotski declaró que si los marineros no se retiraban «serían tiroteados como perdices».

El 4 de marzo, veinte mil soldados del Ejército Rojo llegaron a Kronstadt, y Trotski lanzó un ultimátum exigiendo a los barcos rebeldes que se sometieran de inmediato a la autoridad de la República Soviética.

No hubo respuesta. El 7 de marzo, los bolcheviques —entre cuyos comandantes destacaba un joven Mijaíl Tujachevski—* lanzaron su ofensiva. Las baterías de costa abrieron fuego y los soldados atacaron la base naval en medio de una tormenta de nieve. Petrichenko hizo un último y emotivo llamamiento a los jefes del Partido:

* Tujachevski, que más tarde alcanzaría el rango de mariscal de la Unión Soviética, se convertiría en una de las principales víctimas de las purgas de Stalin de la década de 1930.

> Hace apenas tres años, a vosotros —Lenin, Trotski, Zinóviev y los demás— se os denunciaba como traidores y espías alemanes. Nosotros, los obreros y los marineros, tuvimos que acudir en vuestro rescate y os salvamos el pellejo [...]. Fuimos nosotros quienes os colocamos en el poder [...]. ¿Lo habéis olvidado? Ahora nos amenazáis con la espada. Estáis jugando con fuego. Estáis repitiendo los grandes errores y los crímenes de Kérenski. Tened cuidado de que no os alcance un destino similar.

Los rebeldes consiguieron repeler los ataques bolcheviques durante más de una semana, pero al final los esperaba una masacre. Casi todos los marineros que sobrevivieron al asalto final del 17 de marzo fueron ejecutados sumariamente. Petrichenko y un centenar más consiguieron escapar a Finlandia, pero miles murieron en el lago helado que rodeaba Kronstadt. Cuando todo terminó, el gobierno finlandés exigió a los soviéticos que retiraran los cadáveres del hielo. De lo contrario, los muertos habrían llegado hasta las costas de Finlandia arrastrados por el deshielo. Después del trato salvaje infligido a los suyos, la flor y nata de los revolucionarios bolcheviques, poca gente en cualquier lugar se haría ilusiones de que los bolcheviques admitirían una oposición seria.

EPÍLOGO

Para ser ideólogos fanáticos que dedicaban su vida a un conjunto de objetivos socialistas, los bolcheviques poseían una gran capacidad pragmática para adaptarse al cambio. Tras la rebelión de Kronstadt y las revueltas campesinas, el nuevo régimen soviético cambió de política radicalmente y abandonó la mayoría de las medidas económicas introducidas desde la Revolución de Octubre. Las fábricas habían dejado de producir, el dinero no valía nada, la hambruna era masiva, Rusia no exportaba nada. El «comunismo de guerra» no había funcionado y se necesitaban grandes cambios, cambios revolucionarios.

El gobierno descartó los principales experimentos económicos de los tres años anteriores: la prohibición de la fabricación privada, la nacionalización al por mayor, la confiscación de los «excedentes» campesinos, la sustitución del comercio privado por el trueque y el intento parcial de abolir el dinero. Lenin planeó entonces una «retirada táctica» que se conocería como la Nueva Política Económica (NPE). La requisición de grano iba a sustituirse por un «impuesto en especie», y luego por un impuesto monetario directo. Se permitiría a los campesinos disponer de los excedentes como quisieran, lo que implicaba la vuelta al comercio privado de productos agrícolas en el mercado libre. Las «posiciones de mando» de la economía seguirían en manos del Estado: la banca, el comercio exterior, la industria a gran escala. Pero las pequeñas empresas restantes podrían arrendarse al Estado y gestionarse como cooperativas. Se volvió a permitir la contratación de mano de obra, prohibida desde 1918. El dinero regresó y los salarios se pagaron en efectivo, no en especie como había sido costumbre en muchas empresas. Los servicios públicos dejaron de ser gratuitos, incluso se fomentó la inversión de «capitalistas extranjeros». Las concesiones estaban diseñadas para evitar que el pueblo se rebelara abiertamente. Ese era el objetivo principal de la NPE. «Hacemos concesiones económicas para evitar hacer concesiones políticas», admitió Nikolái Bujarin, uno de los cerebros de la nueva política. Los comunistas chinos harían algo parecido con Deng Xiaoping setenta años después: liberar la economía, pero garantizar que el poder del Partido permaneciera intacto.

Al principio hubo revuelo en el seno del Partido Comunista soviético. Para los verdaderos creyentes idealistas —y aún quedaban algunos— la NPE parecía un retorno al capitalismo, un reconocimiento de que todos sus esfuerzos de los últimos tres años habían sido en vano. Para los arribistas —que eran muchos— era un riesgo enorme que, según ellos, no funcionaría y reduciría su autoridad directa sobre la vida de la gente. Para los bolcheviques se trataba simplemente de mantenerse en el poder. Estaban dispuestos a dar algunas limosnas económicas por la supervivencia política. Según una resolución del Comité Central de verano de 1921, se reconoció que se trataba de una retirada, «pero todo el ejército, unido, debe emprender dicha retirada».

Lenin admitió que la introducción de este elemento del «capitalismo de Estado» —en sus propias palabras— era política más que económica. «Hago un llamamiento [al Partido] para que, si no quieren que las masas rusas les hagan lo que le hicieron al pueblo del zar, arrojen por la borda ensoñaciones impracticables y estén preparados para enfrentarse a las leyes económicas».

La NPE enseguida estimuló la economía, pero distorsionó el experimento socialista. En las ciudades, surgió un nuevo tipo de «empresario soviético», muy rico, descarado y llamativo, pero leal al Partido Comunista, apodado «hombre de la NPE». En el campo, los agricultores volvían a producir y, por el momento, no tenían tanto miedo de que el gobierno confiscara sus existencias.

En Moscú todo volvía a estar disponible, a cambio de un precio. «De la noche a la mañana surgieron tiendas y almacenes, misteriosamente repletos de manjares que los rusos no habían visto en años», recordaba Emma Goldman, una exiliada que tras la Revolución regresó a Rusia después de veinte años en Estados Unidos.

> Se exponían a la venta grandes cantidades de mantequilla, queso y carne; se podían comprar pasteles, frutas raras y dulces de todas las variedades. Hombres, mujeres y niños, con los rostros demacrados y los ojos hambrientos, permanecían de pie contemplando los escaparates y comentando el gran milagro: lo que hasta ayer se consideraba un delito atroz, ahora se exhibía ante ellos de forma abierta y legal.

Cuando le preguntaron a Lenin cuánto duraría la «retirada táctica», dijo: «Por un tiempo, creo [...] no menos de diez años». A partir de ahora los bolcheviques hablaban de modernizar e industrializar tan rápido como fuera posible, y si eso significaba tomar algunos elementos del capitalismo, que así fuera. La nueva definición de comunismo de Lenin sería «poder soviético más electrificación».

Y arremetería contra la burocracia, que había crecido exponencialmente en poco tiempo, al igual que los privilegios especiales de los *apparátchiks* del Partido, una cicatriz del comunismo que desfiguraría a casi todas las sociedades que intentaran revoluciones socialistas. En el sistema soviético —copiado en otros lugares— cada puesto gubernamental de nivel bajo a medio tenía una sombra del Partido, por lo que el número de funcionarios se duplicó de forma natural. En la URSS esto se mantuvo más o menos intacto hasta la década de los años ochenta. Lenin había percibido el problema ya en 1921: «Deberían colgarnos a todos por crear toda esta burocracia innecesaria», le dijo a uno de sus principales lugartenientes. «Todo lo que nos rodea está ahogado en un inmundo pantano de burocracia. El exceso de administración, una locura. Todos estos decretos, una locura. Buscar a las personas adecuadas, asegurarse de que el trabajo se hace correctamente, eso es todo lo que hace falta».

Se dio cuenta de que ese monstruo de la burocrática estaba dirigido, en general, por personas que no estaban a la altura del trabajo. «Todos los males y penurias que padecemos [...] se deben a que el Partido Comunista está formado por un diez por ciento de idealistas convencidos, dispuestos a morir por la causa, pero incapaces de vivir por ella, y un noventa por ciento de calientasillas sin escrúpulos que solo se han afiliado al Partido para conseguir trabajo». Muchos de los críticos izquierdistas del Estado soviético de las décadas siguientes dijeron más o menos lo mismo.

—★—

Para muchos comunistas, la retirada de los bolcheviques y el abandono de los «primeros principios» con la Nueva Política Económica constituyeron el punto en el que el gran experimento de construir su valiente nuevo mundo salió mal. Fue entonces cuando «el cinismo empezó a corroer el alma del comunismo» y el oportunismo burocrático tomó el control, como dijo Adolf Ioffe, uno de los comisarios bolcheviques más inteligentes de los primeros tiempos. Para otros verdaderos creyentes, el cinismo —y el oportunismo— ya habían hecho estragos desde el primer día de la toma del poder por los bolcheviques, cuando los hombres y mujeres que hicieron la Revolución aceptaron que construyesen su nuevo mundo a punta de pistola. Lo que salió mal —y lo que había que hacer al respecto— ha sido objeto de un vigoroso debate en la izquierda durante casi un siglo.

Lenin solo sobrevivió dos años y medio después de lanzar la NPE, pero durante la mayor parte de ese tiempo una serie de apoplejías —sufría de hipertensión congénita, como su padre—, lo habían incapacitado física y mentalmente. Tuvo rachas ocasionales de lucidez y consiguió trabajar un poco, pero su salud estaba muy deteriorada, y murió el 21 de enero de 1924 tras entrar en coma. Dos de los mayores errores cometidos por el fundador de la Revolución rusa, que estaban interconectados, dieron lugar a continuos problemas críticos durante décadas. Lenin no dejó establecido ningún sistema de sucesión. Tras haber creado a Stalin —cuyo carácter conocía bien— y haberlo promovido sin descanso a la cima de la dirección soviética, al final de su vida Lenin intentó, en un testamento secreto dictado entre diciembre de 1922 y enero de 1923, que Stalin fuera destituido del cargo de secretario general del Partido Comunista ruso. Lo que habría ocurrido si Lenin hubiera tenido éxito en su intento constituye una intrigante cadena alternativa de sucesos y un tema de debate. Pero, por supuesto, ya era demasiado tarde. Para entonces, Stalin ya había acumulado demasiado poder gracias a los puestos a los que Lenin le había ascendido. Lenin cometió muchos crímenes, pero el mayor con diferencia fue haber dejado a un hombre como Stalin en un puesto privilegiado para tomar su relevo.

Desde el momento en que los bolcheviques tomaron el poder —ilegítimamente— sabían que se les podía escapar con tanta rapidez como lo habían conquistado. Esa mentalidad explica gran parte de los setenta y cuatro años de historia del Estado soviético: su paranoia, su secretismo, su férreo control del poder centralizado, su violencia indiscriminada. Desde el mismo día del golpe, la principal preocupación de los primeros bolcheviques fue conservar el poder, una obsesión que Lenin y sus camaradas más cercanos transmitieron a sus sucesores. En la extrema izquierda, el argumento ortodoxo ha sido que Lenin y los primeros bolcheviques eran los idealistas y Iósif Stalin (un «borrón gris» burocrático en opinión del menchevique Nikolái Sujanov), el tirano trastornado que se apoderó del Estado y destruyó los ideales del comunismo; las purgas, la corrupción, la incompetencia, las conquistas imperiales que crearon un Telón de Acero en Europa y una Guerra Fría fueron los resultados del estalinismo. Me he esforzado por demostrar aquí que esto no es más que una ilusión. Fueron Lenin y los primeros bolcheviques quienes basaron toda su filosofía política en que los fines —el socialismo tal y como lo definieron Marx y Lenin— justificaban cualquier medio, por sangriento que fuera. Lenin creó la Cheka, la «espada y el escudo» del Partido, que se transformó en el KGB y en todo lo que esas tres letras representaban. Lenin ideó el gulag. Lenin redactó la cláusula del código penal que castigaba con la muerte los delitos de «desviación» y «faccionalismo». Stalin perfeccionó el Estado policial y organizó purgas a escala industrial, pero Lenin estableció todos los órganos de represión. Las semillas de la mayoría de las cosas que salieron mal en la Revolución rusa —y por las que fracasó de forma tan épica en su intento de perfeccionar la humanidad— se sembraron en su mismo comienzo.

AGRADECIMIENTOS

Estoy en deuda con tres magníficos libros que me han inspirado para escribir sobre la Revolución rusa y como fuentes de ideas sobre esta materia. El primero es el brillante y convincente *La Revolución rusa: La tragedia de un pueblo,* de Orlando Figes, la mejor historia moderna sobre el tema. Después, el magistral *Historia de Rusia en el siglo XX,* de Robert Service. El tercero es *Llamadme Stalin,* de Simon Sebag Montefiore, que describe con revelador detalle el horror de la revolución, pero también la emoción de quienes participan en ella. Mi enorme agradecimiento a los tres.

BIBLIOGRAFÍA

Balabanova, Angelica, *Impressions of Lenin* (Michigan University Press, Ann Arbor, 1964).

Carr, E. H., *La revolución bolchevique (1917-1923)* (Alianza, Madrid, 1972).

Conquest, Robert, *El gran terror* (Luis de Caralt, Barcelona, 1974).

Figes, Orlando, *La Revolución rusa: La tragedia de un pueblo (1891-1924)* (Taurus, Barcelona, 2021).

Figner, Vera, *Memoirs of a Revolutionist* (University of Illinois Press, Champaign, Illinois, 1991).

Hastings, Max, *Catastrophe: Europe Goes to War 1914* (William Collins, London, 2013).

Lenin, V. I., *¿Qué hacer?* (Akal, Madrid, 2015).

Lieven, Dominic, *Nicolás II* (El Ateneo, Buenos Aires, 2006).

McMeekin, Sean, *Nueva historia de la Revolución rusa* (Taurus, Barcelona, 2017).

Pipes, Richard, *La Revolución rusa* (Debolsillo, Barcelona, 2018).

Reed, John, *Diez días que estremecieron al mundo* (Siglo xxi de España Editores, Madrid, 2017).

Rhys Williams, Albert, *Through the Russian Revolution* (Liveright, New York, 1921).

Sebag Montefiore, Simon, *Llamadme Stalin* (Crítica, Barcelona, 2018).

——*Los Romanov, 1613-1918* (Crítica, Barcelona, 2018).

Sebestyen, Victor, *Lenin: Una biografía* (Ático de los Libros, Barcelona, 2020).

Service, Robert, *A History of Modern Russia* (Penguin, London, 2003).

——*Historia de Rusia en el siglo xx* (Crítica, Barcelona, 2023).

——*Trotski* (Ediciones B, Barcelona, 2010).

Shukman, Harold (ed.), *The Blackwell Encyclopaedia of the Russian Revolution* (Blackwell, Oxford, 1988).

Struve, Peter, *Collected Works* (Michigan University Press, Ann Arbor, 1970).

Sukhanov, Nikolái, *The Russian Revolution: A Personal Record* (Princeton University Press, Princeton, NJ, 1982).

SWAIN, GEOFFREY, *The Russian Civil War* (The History Press, London, 2008).
TROTSKI, LEON, *Mi vida* (Cenit, Madrid, 1930).
——*Historia de la Revolución rusa* (Txalaparta, Navarra, 2017).
WILSON, EDMUND, *Hacia la estación de Finlandia* (Debate, Madrid, 2021).
THE MARXIST INTERNET ARCHIVE https://www. marxists.org contiene un magnífico material de Marx, Lenin, Trotski y diversos pensadores comunistas y soviéticos..

ÍNDICE ONOMÁSTICO

La letra *f* hace referencia a las fotografías integradas en el libro en blanco y negro; la letra *c* hace referencia a las imágenes incluidas en el cuadernillo de láminas a color; la letra *n* hace referencia a las notas.

CRÉDITOS DE LAS IMÁGENES

p. 24 Shawshots / Alamy Stock Photo
p. 28 Laski Diffusion / Getty Images
p. 30 World History Archive / Alamy Stock Photo
p. 38 Laski Diffusion / Getty Images
p. 49 Fototeca Storica Nazionale / Getty Images
p. 53 Chronicle / Alamy Stock Photo
p. 54 Hulton Archive / Stringer / Getty Images
p. 63 Sovfoto / Getty Images
p. 67 Everett Collection Historical / Alamy Stock Photo
p. 80 ullstein bild Dtl / Getty Images
p. 92 Heritage Images / Getty images
p. 96 Chronicle / Alamy Stock Photo
p. 110 Photo 12 / Getty Images
p. 118 Photo 12 / Getty Images
p. 134 Print Collector / Getty Images
p. 136 Hulton Archive / Stringer / Getty Images
p. 140 Keystone / Staff / Getty Images.
p. 142 World History Archive / Alamy Stock Photo
p. 150 Mondadori Portfolio / Getty Images
p. 160 World History Archive / Alamy Stock Photo
p. 166 akg-images / ullstein bild
p. 168 Sovfoto / Getty Images
p. 176 © Autor desconocido / Foto: Tate
p. 184 Pictures from History / Getty Images;
p. 192 Universal History Archive / Getty Images;
p. 202 Hulton Deutsch / Getty Images
p. 210 RGB Ventures / SuperStock / Alamy Stock Photo
p. 218 Bettmann / Getty Images
p. 224 Heritage Image Partnership Ltd / Alamy Stock Photo
p. 225 Heritage Image Partnership Ltd / Alamy Stock Photo
p. 229 Heritage Images / Getty Images

Cuadernillo Photo 12 / Alamy Stock Photo
Cuadernillo World History Archive / Alamy Stock Photo
Cuadernillo Album / Alamy Stock Photo
Cuadernillo DEA Picture Library / Getty Images
Cuadernillo Pictorial Press Ltd / Alamy Stock Photo
Cuadernillo Pictures from History / Getty Images
Cuadernillo Heritage Images / Getty Images
Cuadernillo Heritage Images / Getty Images
Cuadernillo © Serguéi Chekhonin / Foto: Tate
Cuadernillo © Rudolf Frentz / Foto: Tate
Cuadernillo Shawshots / Alamy Stock Photo;
Cuadernillo Granger - Historical Picture Archive / Alamy Stock Photo;
Cuadernillo Heritage Images / Getty Images
Cuadernillo Heritage Images / Getty Images
Cuadernillo © Autor desconocido / Photo: Tate
Cuadernillo CBW / Alamy Stock Photo
Cuadernillo Shawshots / Alamy Stock Photo
Cuadernillo © Víctor Deni / Photo: Tate
Cuadernillo Photo 12 / Getty Images
Cuadernillo Buyenlarge / Getty Images